生涯学習概論

鈴木 眞理・馬場祐次朗・薬袋 秀樹
［編著］

岩佐 敬昭

大木 真徳

小池 茂子

西井 麻美

山本 裕一
［共著］

樹村房

はしがき

　生涯学習社会が行政による到達目標と設定されて久しい。また，教育基本法においても，「生涯学習の理念」について示されるようになってきた。ただし，生涯学習という概念，用語については，誤解も多くついて回っている。

　生涯学習支援のための社会教育における社会教育主事，司書，学芸員の養成科目には，「生涯学習概論」があり，そのテキストは，多種多様に存在する。この本も，その一つに過ぎないが，基本を押さえることを大切にして編まれたものである。

　また，この本は，稲生勁吾編著『社会教育概論』（1985年刊）［改訂版：『生涯学習・社会教育概論』（1995年刊）］のいわば後継版として，刊行されるものでもある。『社会教育概論』は，なんと30年近く前に刊行されたのであるが，毎年のように増刷されてきた。しかし，改訂版からも20年近く経ち，内容を全面的に見直さざるを得ない時期はとっくに過ぎていた。何度か，後継版をという企画もあったが，その都度，なぜか企画がまとまらなかった。

　その間，樹村房では，木村繁・前社長が亡くなられ，大塚栄一社長へと代わり，新カリキュラム対応版図書館司書養成科目のテキストシリーズを刊行するなど，以前にも増して，会社として生涯学習・社会教育関係に注目なさるようになってきた。そのような中で，少し特徴を出しながら，『生涯学習概論』をという企画がまとめられた。その特徴とは，社会教育施設について詳しく扱うこと，行政の施策を理解できるようなものにすること，また稲生編のテキストを引継ぎ，学習論にも目配りをすること，である。揃った原稿からは，少しは特徴をもつテキストになっているという印象を持つが，いかがであろうか。

　私事にわたることであるが，『社会教育概論』当時から，執筆者の一員としても稲生先生にはお世話になっていたが，稲生先生が亡くなられた時期に相前後して，青山学院大学に職を得ることになった。かつて「巻末『用語解説』で協力を得た」と稲生先生が記しておられた大学院生の方は現在，学科の同僚でもあるし，それ以降の青山学院大学大学院修了者・稲生先生の教え子もこの本

の執筆者に加わっている。思いもかけない巡り合わせに，感慨をいだかざるを得ない。

　『社会教育概論』の仕事が終わった時，「聖歌隊のクリスマスキャロルが美しく響き渡り，キャンパスのクリスマスツリーに灯がともされた」，と稲生先生の「はしがき」は結ばれている。今回は，やっと学内の銀杏が色づいてきた頃で，稲生先生のような実直なクリスチャン・ロマンチストではない私には，画になるような環境も整ってはいない。ただ，長年の宿題の一つを終えたという安堵感や解放感はあるが，それは，これをまたつないでいく人が出てほしいという期待へと結びついているようでもある。

　2013年10月

共編者・著者を代表して

鈴木　眞理

生涯学習概論
も く じ

はしがき　iii

I章　生涯学習社会の創造へ向けて ――――――――――――1
1．生涯学習社会という概念 …………………………………………1
　　（1）俗論としての生涯学習・生涯学習社会　*1*
　　（2）生涯学習社会という到達目標　*3*
2．生涯教育の概念 ……………………………………………………5
　　（1）教育改革のキイ概念としての生涯教育　*5*
　　（2）生涯教育の諸相　*7*
3．生涯学習の概念の登場とその背景 ……………………………13
　　（1）日本的な概念としての生涯学習　*13*
　　（2）生涯学習概念と社会教育　*16*
4．学歴社会と生涯学習社会 ………………………………………18
　　（1）学歴社会は乗り越えられるか　*18*
　　（2）生涯学習社会をどう評価するか　*20*

II章　生涯学習振興行政の変遷 ―――――――――――――23
1．第二次世界大戦後の社会教育行政の展開 …………………23
　　（1）戦後の社会教育行政の再出発　*23*
　　（2）社会教育の基盤整備　*24*
　　（3）社会教育行政の進展　*26*
2．生涯教育の理念の導入と社会教育行政 ………………………27
　　（1）生涯教育の理念の導入　*27*
　　（2）社会教育行政の量的拡大　*28*
3．教育改革の推進と生涯学習振興・社会教育行政 ……………30
　　（1）生涯学習への焦点化　*30*

（2）生涯学習振興行政への転換　　30
　　　（3）経済繁栄期における生涯学習振興・社会教育行政　　31
　4．社会教育行政の役割の転換 ……………………………………33
　　　（1）生涯学習振興のための条件整備　　33
　　　（2）地方分権の推進と社会教育行政　　34
　　　（3）教育改革と連携・ネットワーク化　　36
　5．行政改革の推進と生涯学習振興・社会教育行政 ……………37
　　　（1）行政改革大綱と評価システムの導入　　37
　　　（2）生涯学習関連施設への民間活力の導入　　38
　　　（3）新しい「公共」と生涯学習の振興　　39
　6．生涯学習振興・社会教育行政の新たな展開 …………………40
　　　（1）教育基本法の改正と生涯学習振興・社会教育行政の方向性　　40
　　　（2）「知の循環型社会」の構築と生涯学習振興・社会教育行政　　41
　　　（3）社会教育行政の危機　　42
　7．教育行政と他の生涯学習関連行政との連携 …………………43

Ⅲ章　生涯学習振興行政と社会教育行政 ──────────45
　1．生涯学習振興・社会教育行政と法制度 ………………………45
　2．社会教育行政の基本的役割と組織・任務 ……………………47
　　　（1）社会教育行政の基本的役割　　47
　　　（2）地方社会教育行政の組織と事務　　48
　　　（3）国の組織と役割　　52
　3．社会教育施設・職員・関係団体 ………………………………54
　　　（1）社会教育施設　　54
　　　（2）社会教育の専門的職員　　58
　　　（3）社会教育関係団体　　60
　4．生涯学習振興行政と社会教育行政の位置 ……………………62

IV章　生涯学習の学習課題・学習者 ― 64
1．生涯学習の学習課題 ― 64
（1）学習者から見た学習関心・要求課題　64
2．社会教育行政が対応する学習課題 ― 67
（1）必要課題と要求課題　67
（2）社会教育行政による学習課題の設定　69
（3）学習課題設定の視点　70
3．学習者の特性と学習 ― 76
（1）青少年期の特性と学習　76
（2）成人期の特性と学習　80
（3）高齢期の特性と学習　83
4．学習を支える視点 ― 85

V章　生涯学習の方法・生涯学習の支援方法 ― 89
1．教育振興基本計画における生涯学習支援 ― 89
2．個人学習の意味とその支援 ― 91
3．集合学習の意味とその支援 ― 93
4．さまざまな集団学習の展開 ― 95
5．ノンフォーマル教育への注目 ― 97
6．ノンフォーマル教育の概念 ― 99
7．ノンフォーマル教育と生涯学習支援 ― 101

VI章　生涯学習社会と学校・地域・家庭 ― 104
1．生涯学習社会と地域 ― 104
（1）生涯学習社会という背景　104
（2）「地域」とは何を指し示すか　106
2．教育基本法第13条の意味 ― 108
3．学社連携・学社融合という考え方 ― 110
（1）学社連携・学社融合の理念とその歴史　110

（2）学社連携・学社融合の具体例　*113*
　　（3）学校評議員と学校運営協議会　*115*
　　（4）学校支援地域本部　*116*
　4．家庭教育をめぐる問題 ……………………………………………… *120*
　　（1）家庭教育と家庭教育支援の関係　*120*
　　（2）早寝早起き朝ごはん運動　*122*
　5．学校教育と社会教育の異同とその特性の生かし方 ……………… *124*

Ⅶ章　生涯学習支援における図書館の役割 ——————*130*
　1．生涯学習と図書館 …………………………………………………… *130*
　2．図書館の種類 ………………………………………………………… *131*
　3．新しい公立図書館像 ………………………………………………… *134*
　4．公立図書館の基本的役割 …………………………………………… *137*
　5．公立図書館と情報技術 ……………………………………………… *140*
　6．公立図書館の管理・運営 …………………………………………… *141*
　7．専門的職員としての司書 …………………………………………… *142*
　8．社会教育施設としての公立図書館 ………………………………… *144*
　9．今後の課題 …………………………………………………………… *146*

Ⅷ章　生涯学習支援における博物館の役割 ——————*147*
　1．博物館の現状 ………………………………………………………… *147*
　　（1）博物館と生涯学習支援　*147*
　　（2）博物館とは　*148*
　2．博物館活動と生涯学習支援の関係 ………………………………… *150*
　　（1）博物館活動における諸機能の一体的展開　*150*
　　（2）博物館活動の核となる資料　*151*
　3．博物館における教育活動 …………………………………………… *152*
　　（1）博物館における教育活動の方法　*152*
　　（2）博物館における学習の特性　*154*

（3）博物館と学校の関係　　156
　4．博物館における生涯学習支援の担い手 ……………………………158
　　　（1）専門的職員としての学芸員　　158
　　　（2）博物館におけるボランティア活動　　161
　5．博物館運営における生涯学習支援の位置づけ ……………………162
　　　（1）博物館運営の多様化と評価　　162
　　　（2）博物館と地域社会　　164

Ⅸ章　生涯学習支援における青少年教育施設の役割 ──────166
　1．青少年教育と青少年教育施設 ………………………………………166
　　　（1）青少年という概念　　167
　　　（2）青少年教育の展開とその理解　　168
　2．青少年教育施設の系譜 ………………………………………………170
　3．青少年教育施設の現状と課題 ………………………………………173
　4．青少年教育施設のこれから …………………………………………178
　　　（1）国立青少年教育施設の役割　　178
　　　（2）体験活動の重要性と青少年教育施設の役割　　180

資料1　教育基本法　　183
資料2　生涯学習の振興のための施策の推進体制等の整備に関する法律　　186
資料3　社会教育法　　189
資料4　図書館法　　197
資料5　博物館法　　200
さくいん　　205

【本書の執筆分担】
- Ⅰ章：鈴木眞理
- Ⅱ章：馬場祐次朗
- Ⅲ章：馬場祐次朗
- Ⅳ章：小池茂子
- Ⅴ章：西井麻美
- Ⅵ章：岩佐敬昭
- Ⅶ章：薬袋秀樹
- Ⅷ章：大木真徳
- Ⅸ章：山本裕一

Ⅰ章　生涯学習社会の創造へ向けて

1．生涯学習社会という概念

(1) 俗論としての生涯学習・生涯学習社会

　「生涯学習社会」という用語や「生涯学習の時代」という表現が，日常的に使用されるようになってきている。「生涯学習社会における」というフレーズが，教育関係の研修や講演のタイトルとして，よく見受けられるし，「今は，生涯学習の時代なのだから」というような，わかったようなわからないようなことが，さも，訳け知り顔に語られる。「生涯学習社会」や「生涯学習の時代」ということが，どういうことを指し示すのか，どういう社会的な意味があるのか，などということも実はよく考えられないまま，なんとなく「生涯学習」という用語が重宝がられて，さらに「社会」という語が加わって，「生涯学習社会」という用語がむやみに氾濫しているのである。しかし，実は生涯学習という用語自体がきちんとした吟味が必要でもあり，生涯学習社会という用語も，そう正確には使用されているというわけではない，ということを理解しておく必要がある。
　一般の人々が使用するのであればとやかく言う必要はないのかもしれないが，教育に関係している人が使用するという現実もあり，そのことはかなり問題のあることなのである。「生涯教育」や「生涯学習」という用語が出現し広がってくる時期以前から，教育・社会教育の研究・教育や現実・現場に関わってきていた人が，正確に理解（する努力を）しないで安易に使用しているという現実もあり，どうでもいいことであるということにはならないのだろう。自身の

都合や世の中の流れに迎合する形で，安易な用語法をしたり，明らかに誤解した使い方をしている人も見られるから注意が必要になる。

　曖昧な理解のままに，使用する人それぞれの理解で使用されているわけである。その理解は，曖昧できわめて浅い理解であることが通例で，生涯学習や生涯学習社会そのものについて議論するためにはむしろ障害になってしまうのである。「生涯学習社会における」というフレーズは，ちょっと落ち着いて考えてみると，どういう社会を示しているのか判然としないのである。ただ，なぜか明るさとか快活さを感じさせるということなのではなかろうか。

　「生涯楽習」という造語もある。あるプレハブ住宅メーカーのキャッチコピーとしても用いられていたし，講演をして歩くことが自身の存在価値であると勘違いする社会教育・生涯学習の領域の大学教員（いやいや，実際，その人の存在価値はそんな程度のものかもしれませんが）なども，大衆受けをねらって用いるコトバである。「自分さがし」「自分学び」など，いったい，研究者なのか三流エンターテイナーなのかわからないような人が好む用語の類なのである。ただ，これらは，まったく間違ったことを言っているわけではないことが困ったところなのである。一面では正しいのであるが，本質的ではない部分を強調して人心を惑わせることになるから厄介なのである。このことは，生涯教育という概念，生涯学習という概念などを正確に把握していけば納得できることである。

　いずれにせよ，俗論的な理解で，「生涯学習」や「生涯学習社会」という用語が氾濫しているわけであり，じっくり落ち着いて正確に理解していくことが求められるということなのである。社会教育主事はもちろん，司書や学芸員の養成のための科目として「生涯学習概論」が設定されているのであるが，皮相な理解で「生涯学習」や「生涯学習社会」を捉えていると，なぜ，そのような科目の単位を修得しなければならないのか理解不能になる。正確な理解ができるようになれば，日常的に接するマスメディアの表現についても，その記事は「生涯学習」を本質的なところから理解して書いているのかどうかがわかるようになるのであろう。学生も，このセンセイの講義は，まともに聞くべきか，反面教師として位置づけるべきかがわかるのだろう（当然，このテキストを使

っている教員の講義は，キチンとしているはずですね)。

(2) 生涯学習社会という到達目標

　生涯学習社会というのは，現実に存在しているわけではない。また，これが生涯学習社会であるという，共通に確認された概念でもない。文部省・文部科学省が「勝手」に使いはじめた用語であり，それを研究者やマスメディアが後追いで使うようになった概念・用語である。このことを確認せずに，いわばムードとして用いられるようになっているのである。

　学習社会 (learning society) という概念は，確定できる概念である。かつて，アメリカの法学者でシカゴ大学の総長を経験したハッチンス (Hutchins, R. M.) という人が，その著作 *The Learning Society* (1968) で用いた概念である。ハッチンスは，学習社会を「すべての成人男女に，いつでも定時制の成人教育を提供するだけでなく，学習，達成，人間的になることを目的とし，あらゆる制度がその目的の実現を志向するように価値の転換に成功した社会」[1]と定義している。後述するが，1965(昭和40)年のユネスコにおける生涯教育という教育改革の理念の提起と相前後して，いくつもの教育改革の方向付けを含む議論が提起されており，learning society もその一つであるが，ハッチンスの議論は教育の在り方のみならず，社会の在り方をも展望した議論として意味がある。

　learning society は，『フォール報告』(1972) [2]や，アメリカのカーネギー高等教育委員会の報告書 *Toward a Learning Society* (1973) でも，到達目標として位置づいている。

　日本においては，1981(昭和56)年の中央教育審議会答申「生涯教育について」の中で学歴社会批判に関連して，「今後，このような傾向を改め，広く社会全体が生涯教育の考え方に立って，人々の生涯を通ずる自己向上の努力を尊

1：このあたりについては，新井郁男訳「ラーニング・ソサエティ」新井郁男編集・解説『ラーニング・ソサエティ』(現代のエスプリ No.143) 至文堂，1979. なお，詳しくは，新井郁男『学習社会論』(教育学大全集 8) 第一法規出版，1982. を参照するとよい。
2：ユネスコに設置された教育開発国際委員会の報告書 *Learning To Be*。委員長はフランスの元首相・文相 Faure, E. である。国立教育研究所内フォール報告書検討委員会訳『未来の学習』第一法規出版，1975. を参照。

び，それを正当に評価する，いわゆる学習社会の方向を目指すことが望まれる」とされている。「いわゆる」という表現は，その当時，学習社会について一般的な合意ができているとはみなされていなかったということを示していると考えられる。この際，この答申では，「学習社会」という概念について言及しているわけで，「生涯学習社会」ではないことを，確認しておこう。「生涯学習社会」という概念は，この答申では登場していない。まだ，用語として出現していないのである[3]。

学習社会とは異なる概念として，生涯学習社会という概念が存在しているわけである。生涯学習社会という概念は端的に言えば，行政施策の到達目標を示すものであって，決して学術用語として意識的に用いられてきたものではないということである。このことは，日本における社会教育・生涯学習の研究の貧弱さを示すことになっているのは，残念なことである。

生涯学習社会は，「生涯のいつでも，自由に学習機会を選択して学ぶことができ，その成果が社会において適切に評価されるような」社会，であると，たとえば，1991（平成3）年の中央教育審議会答申「新しい時代に対応する教育の諸制度の改革について」や，1992（平成4）年の生涯学習審議会答申「今後の社会の動向に対応した生涯学習の振興方策について」で示されている。

また，教育基本法（2006年全面改正）第3条は，「生涯学習の理念」となっているが，「国民一人一人が，自己の人格を磨き，豊かな人生を送ることができるよう，その生涯にわたって，あらゆる機会に，あらゆる場所において学習することができ，その成果を適切に生かすことのできる社会の実現が図られなければならない」と，生涯学習社会の実現が到達目標・政策目標として示されている。

3：たとえば，広瀬隆人「博物館教育とはなにか」（小原巖編著『博物館展示・教育論』樹村房，2000，p.105.）では「生涯学習社会」がこの答申で語られていると述べられているが，誤りである。この論文では，「生涯学習の概念は，1965年のユネスコ成人教育推進国際委員会において……ポール・ラングラン……によって提唱されたが」（p.104）という記述もある。ラングランが提唱したのは生涯教育という考え方であって，生涯学習ではない。意味のある議論は正確な理解からしかできないので，注意が必要である。これは，冒頭で述べたことでもあり，他山の石としたいものである。

生涯学習社会といわれる概念の重要な論点は，学習機会の「自由な」選択，学習の成果の「適切な」評価である。「自由」であるとか「適切」であるとかの，曖昧な，期待や願望を含んだ用語は，学術用語とは考えにくいわけで，政策の到達目標を示しているにすぎないのであるが，多くの研究者（昔は文部省・文部科学省に対抗的で，今ではすり寄っているような人々を含む）が，深い思慮や批判的精神なしに用いているという状況が見受けられる。

2．生涯教育の概念

（1）教育改革のキイ概念としての生涯教育

　生涯教育という用語は，1965(昭和40)年以降に日本社会に定着してきたものである。それ以前に「生涯教育」というコトバの使い方があったかどうかについての検討は好事家の仕事であるわけで，それが，意味を持って広がって来たのは，明らかに1965年以降のことだ，というわけである。

　1965(昭和40)年に，ユネスコ（UNESCO：United Nations Educational, Scientific and Cultural Organization；国際連合教育科学文化機関）の成人教育に関する会議が，パリで開かれている。その会議の際に，「生涯教育」という概念が用いられたというわけである。ユネスコの成人教育部長ポール・ラングラン（Lengrand, Paul；フランス人）がフランス語で éducation permanente という語を用いて，教育という概念に新たな意味を込めたのであるが，会議では，英語では，life-long integrated education という表現が適切であるという意見も出ていたということである。これが，会議に出席していた波多野完治によって日本に紹介され，「生涯教育」という語で広がってきたというわけである[4]。

4：このあたりについては，日本ユネスコ国内委員会『社会教育の新しい方向』1967., ポール・ラングラン著，波多野完治訳『生涯教育入門』全日本社会教育連合会，1971., 波多野完治『生涯教育論』講談社，1972. などの「生涯教育」概念が移入された当時の書物を参照するとよい。

教育を，人生の初期の学校において行われるもの，だけとして考えるのをやめる，ということが，その中心的な考え方である。学校へ行く前に行われる教育，学校を終わった後に行われる教育，にも注目し，それらを統合的に考える必要があるということである（垂直的統合）。また，学校という社会組織のほかに，社会のさまざまな場面において教育を行っている組織・機関があり，それにも注目する必要があり，それらを統合的に考える必要がある，ということである（水平的統合）。学校以外の教育を，学校の教育と同じように，全体として考える必要がある，ということが「生涯教育」という発想・考え方の基本なのである。

　その発想が生まれる背景には，社会の急激な変化が存在していた。先進国である日本の社会を前提にして考えてみてもそのことは理解できる。第二次大戦敗戦後，科学技術は急速に発達した。すでに戦前からラジオは存在していたが，テレビが普及し，東京タワーが建てられ，1965年の時点ではカラーテレビも広く普及する前段階にまでに来ていた。1964年の東京オリンピックに合わせるように，新幹線が開通（といっても，「東海道」新幹線で，東京・新大阪間だが）し，全国の高速道路網の起点となる名神高速道路が部分開通し，東京では首都高速道路が整備されはじめる。世界に目を向ければ，アメリカ合衆国とその当時のソビエト連邦との東西対立・冷戦の中で，宇宙開発の競争も進み，人工衛星を打ち上げ，動物を乗せることに成功し，有人衛星の地球周回軌道からの帰還の技術も確立してくる時期である。原子力も軍事利用だけでなく，発電などの「平和利用」の研究・実用化も次第に現実になってきた。科学技術が発展すれば，学校で教わったことは，すぐに古くなる。学校で教わった知識だけで，その後の人生を過ごしていくことは困難になる。科学技術の進歩だけでなく，明治時代以降の社会のあり方に関する認識は，戦後，大きな変更を余儀なくされた。天皇制イデオロギーといわれる国家のあり方に関する考え方は，民主主義の理念によって変更され，「家」の観念が喪失し，自立した個人が社会の構成単位として考えられるようになった。教育の機会は，学校を出た後にも用意されなければならなくなる。

　一方，1960年代には，第二次世界大戦当時植民地とされていた国々が独立を

果たすが、学校がまだ整備されていない国々、第三世界の国々も存在していた。明治以降、江戸時代からの鎖国を解き開国をし、世界に目を向けるようになった日本では、学校の制度を整備することに努めた。全国に、くまなく小学校を置き、中央に大学を置く体制を整え、産業振興による国力の増強を、教育の役割に期待して、就学を促し国民全体としての学力の向上を目指しながら、国をリードする指導者層を養成することを企てた。当時、日本は、「後進国」であった。しかし、先進国といっても、その姿を後ろから確認できる程度にしか先を進んでいたにすぎなかった。先進国と後進国の差は今日の尺度で考えれば、大したものではなかったのである。鉄道は蒸気機関車の時代であり、自動車もさして複雑な機械でもなかった。飛行機は実用的な段階とはいえないし、ましてや、人工衛星などは夢物語であった。学校を整備して、先進国に追いつけ追い越せ、というのは、科学技術の発達が低いレベルの時代での話だったのである。ところが、1960年代の状況では、学校を整備するだけでは、追いつき追い越すためには、不十分なのである。学校を整備することはもちろん必要なことであるが、学校の外でも教育が必要になってくる。日常生活の場でも、労働の場でも、あらゆる場面での教育という営みを考えることが社会の課題となるのである。

　このように、先進国の必要性にも合致し、先進国を追いかける第三世界諸国の必要にも応えられるような、教育に関する新しい考え方として、「生涯教育」は位置づけられたのである。生涯にわたって学ぶことが必要であるというような倫理観を説くことではなく、社会の要請にしたがって、それも、全世界的な合意を得た考え方、教育改革のキイ概念として登場してきたことが意味を持つことなのである。

(2) 生涯教育の諸相

　この「生涯教育」は、現に存在している社会を前提にしているということに注意しなければならない。現に存在している社会というのは、そのような社会秩序が都合がいいという人々・勢力・国々にとっては、そのまま継続することが最良の選択肢である。一方、その社会で不利益を被っている人々にとっては、

継続ではなく，よりよく改革されることが必要になる。しかし，不利益を被っている人々にとっては，改革を自身の手で進めるということは困難なことであるし，そもそも不利益を被っているということを意識することも困難である。意識化を進めることが，まず必要なことであり，その蓄積を基礎にした活動が必要になってくる。

　ラングランの生涯教育という発想は，急激に変化する社会に適応するための教育，という側面を強く持っていた。もちろん，ラングランの議論自体は，個人の自立や懐疑の精神というような，個人主義の理念を基底に持つものではあったが，そのことは今日では，ほとんど強調されない[5]。それは，今日，生涯教育とか生涯学習とかのコトバを用いる人々の議論が表面的で薄っぺらなものになっていることの反映でもあるのだろう。

　日本においては，1971（昭和46）年の社会教育審議会答申「急激な社会構造の変化に対処する社会教育のあり方について」において，生涯教育という概念が用いられたことが，その概念が広がることについて大きな意味を持っていた。

　生涯教育は，産業界からは，労働者の職業能力の形成という側面で肯定的に捉えられ，企業内教育の理念として位置づけられたことも，また事実である。企業内教育が，経営学や産業社会学・社会心理学などの領域からの，さまざまな人間の能力の開発に関する理論や技法をもとにして展開された。古くは1920年代からのモラール（勤労意欲）に関する human relation に注目したホーソン工場の実験からの知見，Lewin らの group dynamics の議論，Maslow の欲求段階論・自己実現論や McGreger による従業員を受動的な存在と見る X 理論と積極的創造的な存在と見る Y 理論の対比に基づく勤労意欲の喚起に関する議論，自己から見て未知であるか・既知であるかと，他者から見て未知であるか既知であるかとを組み合わせた図式を用いた「Johari の窓」という説明用具を用いてより open なることを促す議論などはそれらの基盤になっていた[6]。企業内教育の周辺では，Rogers らの encounter group や感受性訓練（sensitivity training）のような対人的共感性を高める訓練技法が安易に取り入れられると

5：このあたりについては，末本誠「ラングラン『生涯教育論』」碓井正久編著『社会教育・人間の教育を考える』講談社，1981，p.277-299．の解説が参考になる。

いうようなことも見受けられた[7]。

　これに対して，労働運動の側からは，労働者を囲い込む方策として，生涯教育という発想に対する批判が出されるようになる。文部省と対立関係にある日教組（日本教職員組合）が教育制度検討委員会（梅根悟会長・小川利夫事務局長）を組織し，『日本の教育はどうあるべきか』（勁草書房，1971），『日本の教育をどう改めるべきか』（勁草書房，1972），『続日本の教育をどう改めるべきか』（勁草書房，1973），『日本の教育改革を求めて』（勁草書房，1974）というような報告書・逆提案をまとめたことは，今日，ほとんど，言及されることではない。そこでは，文教行政の動きに対して「国民の教育要求」の実現の立場からの提案がなされているが，今日から見ると，むしろ健全な社会が存在していたとすることもできるのかもしれない。社会教育の領域では，小川利夫編『住民の学習権と社会教育の自由』（勁草書房，1976）が刊行されたが，それは，編者の「はしがき」によれば，「『国家による教育』から『国民による教育』へ質的に変革していくこと，それこそ今日の教育改革運動の最大の眼目でなければならない」という立場から，「社教審答申と社教法『改正』批判」を中心とした社会教育の課題が提起されたものである。

　国民の自己教育運動，労働者の自己教育運動，農民の自己教育運動，住民の自己教育運動，というような用語が，『月刊社会教育』誌（国土社）をはじめとする，反文部省・親日教組，親共産党・社会党の研究者・労働運動の世界で

6：このあたりについては，たとえば，青井和夫『小集団』誠信書房，1959.，青井和夫・綿貫譲治・大橋幸『集団・組織・リーダーシップ』（今日の社会心理学3），培風館，1961. や青井和夫『小集団の社会学－深層理論への展開』東京大学出版会，1980. などが，社会学などからの同時代的な解説として意味深い。なお，近年でも，生涯学習・社会教育の領域で，背景を無視して，これらの考え方や「技法」を推奨する人々がいるが，安易な発想なのであろう。そういうことが「受ける」ような社会の状況は嘆かわしい限りである。たとえば，近年の学校経営の改善に関わる，学校運営協議会・コミュニティスクールに関連して，「Johariの窓」に言及する議論なども存在するが直接的な関連はないことである。参加体験型学習を技法としてだけ捉える三流エンターテイナーのような関係者も多いが，物事の本質を見ていない人々である。

7：これについては，宮坂広作「日本の現実」村井実・森昭・吉田昇編『市民のための生涯教育』（これからの教育4）日本放送出版協会，1970，p.125-170. で描かれている現実が，党派的ではない進歩的な研究者からの批判として興味深い。

は，当たり前のように飛び交っていた[8]。自治省を中心に進められたコミュニティ政策をめぐっても，たとえば，わかりづらい文章であるが，「住民の自主的社会教育活動にたいしては『自立・自助』，自己啓発，ボランティア精神の高揚がもちこまれ，社会教育の風化と拡散が図られている。社会教育がコミュニティ計画の一部を担わされるということから社会教育の本質が生涯教育の名で変質させられ，社会教育法の実質的な形骸化が危惧されている。」というような批判[9]も存在していた。

また，「『生涯教育論』は，日本においては当初から国民の教育要求に相対する国家主導の政策的理念として導入されて定着をみた。その過程で『生涯教育論』の『矮小化』がなげかれ，さまざまの『生涯教育論』批判が展開され，そして政策理念としての『生涯教育論』に対置される国民教育思想としての『国民の学習権』思想が成熟してきたことは，すでに広く共通の認識となっている」[10]というような，当時でもきわめて一面的な見方であったはずだが，今となっては，前時代の遺物のようなことが運動の世界ではなく研究の名において語られていたのである。社会教育研究の主流は，文部省の政策に対抗するものであったわけであり，そのような流れは，今日まで続いている[11]。

このような，生涯教育に対する両極端の評価は，もちろん，日本の社会全体の対立構造を基礎に持っていたことは，当時の状況を知る者にとっては，常識

8：研究的には，たとえば労働組合の教育活動に一体感を持って接しつつ関わり，事例紹介とその総括として，宮原誠一・藤岡貞彦・黒沢惟昭・阿久津一子・村上博光・井上英之・深井耀子・太田政男・南里悦史「共同研究：労働組合教育活動の現段階」『東京大学教育学部紀要』第11巻，1970，p.37-142．などがある。また，戦後社会教育実践史刊行委員会編『戦後社会教育実践史』（第1巻・第2巻・第3巻）民衆社，1974．には，『月刊社会教育』誌に掲載された実践事例がまとめられており，千野陽一・野呂隆・酒匂一雄編著『現代社会教育実践講座』（第1巻・第2巻・第3巻・第4巻）民衆社，1974．では，特に第1巻のサブタイトルが「権利としての社会教育」となっており，その立場から学校教育・博物館・図書館・社会福祉・住民運動・母親運動・青年運動・労働運動・農民運動・文化運動・体育・スポーツ等の領域と社会教育との関連が論じられて，当時の文教行政批判の立場の論者の問題意識を垣間見ることができる。

9：南里悦史「コミュニティと社会教育」島田修一・藤岡貞彦編著『社会教育概論』青木書店，1982，p.331.

10：佐藤一子「社会教育の新しい組織化」五十嵐顕・城丸章夫編『社会教育』（講座日本の教育9）新日本出版社，1975，p.237-275.

に属することなのである。資本と労働，自民党対社会党・共産党，世界的に見れば，資本主義対社会主義・共産主義，アメリカ対ソ連，という対立構造の中で，生涯教育についてのスタンスが考えられなければならないのである。

　ユネスコにおける生涯教育という考え方，適応のための生涯教育という考え方は，その後，大きく変化する。それは，アジア・アフリカ等の第三世界の台頭ということを背景にしている。1960年代以降，旧植民地が独立し国連・ユネスコに加盟することになり，第三世界を基礎にした考え方が，次第に支配的になってくる。その状況の中で，生涯教育は，解放のための生涯教育という方向で考えられるようになる。先進国からの経済的社会的抑圧を受けている第三世界の人々が，その抑圧からの解放のために，生涯教育が必要なのだという発想である。基礎教育，「読み書きそろばん」，3R's（Reading＝読み，Writing＝書き，Arithmetic＝計算）の教育の必要性が説かれる。

　この時期，ユネスコにおいて成人教育の担当者は，ラングランから代わったエトール・ジェルピ（E. Gelpi；イタリア人）であった。ジェルピの発想は，第三世界のみならず，さまざまな場面で人間としての権利が保障されず，抑圧されている人々の解放のために生涯教育が役に立つべきであり，社会の構造そのものを変革することが究極の目標ということになっている[12]。ユネスコの考え方は大幅に変更されていき，1985年に出された「学習権宣言」では，その立場が明確になり，この文書は，日本における反文部省の勢力に属する人々，「権利としての社会教育」を標榜する人々の依って立つ文書となっていく。ただしかし，その間のユネスコの性格の変化ということを考慮せずに，国際的潮流を示す文書であるという位置づけ方は恣意的なものであろう。この時期，アメリカはユネスコを脱退していたという事実も加えないと，物事の総体的な意味は分からなくなる。

　ブラジルでの識字教育の活動を展開していたパウロ・フレイレ（P. Freire）

11：今日，過去を隠そうとする研究者，そのような系譜を理解できずに頓珍漢な行動をする関係者が跋扈していることは，人々の学習・教育を対象とする研究・行政領域であるだけに嘆かわしい。政治家ではないので，主義・主張を変更して行政にすり寄る研究者は，研究者の名に値しないであろう。
12：ジェルピ・E. 著・前平泰志訳『生涯教育』東京創元社，1983．を参照。

の「銀行型の教育」と「課題提起型の教育」の対比は，対話を重要な概念として，単に知識を貯めていくだけの教育でなく，社会の問題に鋭敏になることを目指した教育のあり方を目指していた[13]。もちろん，抑圧からの解放は，新たな社会秩序の構成に繋がることになる。このフレイレの実践と思想は，「解放のための生涯教育」の基礎に存在していることも忘れてはならない。このような，「解放のための生涯教育」という考え方では，解放されるべき人々を教育の客体として捉えるのではなく，学習の主体として位置づけることが求められることになり，「生涯学習（lifelong learning）」という用語が一般的に使われるような変化も生じてきた。

　なお，ユネスコにおける生涯教育という概念に類似したものに，OECD（Organization for Economic Co-operation and Development；経済協力開発機構）のリカレント教育という発想がある。1973年に *Recurrent Education : A Strategy for Lifelong Learning* という報告書が出されたが，そこでは，教育と労働との関連が強く意識されている。もとより，OECDが経済の発展のための先進国による組織という性格もあってのことであるが，教育を受ける期間が終わると，労働の期間になるという人生のモデル（フロント・エンド・モデル：始めがあって終わりがあるモデル。Education-Work-Retire という図式で示されることもある）ではなく，教育の期間と労働の期間が，繰り返される人生のモデル（リカレント・モデル：回帰・循環という語が当てはめられる。E-W-E-W-E……W-R という図式で示されることもある）が示される。このリカレント教育という発想は，ユネスコによる生涯教育論が，社会の変化との関連とはいっても，その基礎には文化や人権という領域への関心が強いものであることに対して，経済発展というきわめて実利的な関心からの教育理念の発想ということになってる。労働の現場を離れた学校で，効率的な教育が行われる，ということが考えられているのであるが，そのためには，有給教育休暇（paid educational leave）というような，制度的な裏づけが必要にもなり，その考え方に基づいた制度を導入している国もある。さらに，元の職場に戻った

13：これについては，フレイレ・P. 著，小沢有作ほか訳『被抑圧者の教育学』亜紀書房，1979. を参照。

り転職が可能であるというような，流動的な労働市場・社会環境が整うことが必要なことにもなる。リカレント教育という発想もまた，教育の改革の理念なのである。

3．生涯学習の概念の登場とその背景

（1）日本的な概念としての生涯学習

　さて，すでに述べたように，日本においては，1981(昭和56)年に中央教育審議会の答申「生涯教育について」が出されているが，それまで生涯教育という用語は広がってきてはいたものの，企業における労務管理の領域において援用されていたことはあるが，その考え方に基づいた具体的な行政施策は，ほとんど存在しないといえる状況であった。

　たとえば，秋田県においては県知事主導で1970年代に生涯教育の発想に基づく具体的な展開が，生涯教育推進要綱の策定・生涯教育推進本部の設置・生涯教育センターの設置などとして見られたが，この一環としての生涯教育推進員制度は，江戸時代の五人組を連想させるものだ，というような体制による住民の管理という位置づけの批判が社会教育の領域では反文教行政の立場からなされるありさまであった[14]。

　そのような中で，生涯学習という用語・概念が登場するのは，中曽根康弘内閣が標榜する，「戦後政治の総決算」の一環としての教育改革で，内閣直属の臨時教育審議会を1984年に設置し，4次にわたる答申（1985-87年）を出した時である。

　ところで，日本における「生涯学習」の系譜として，江戸時代の石田梅岩による石門心学の普及，中江藤樹の「考」の思想と実践，佐藤一斎の『言志四録』に現れている「生涯学習」の重視，などが語られることがあるが，これら

14：当時の秋田県の状況については，井上伸良「社会教育計画と首長・議員の役割」鈴木眞理・山本珠美・熊谷愼之輔編著『社会教育計画の基礎（新版）』学文社，2012，p.214-215. に要領よくまとめられている。

は，20世紀後半以降の時期の「生涯学習」という用語・概念とは，まったく性格が異なるものであるということも，注意しておこう。人生とは何であるかを示し，人生を歩むための処世訓を提示することは，世の東西を問わず存在してきたことである。それらと，現在の「生涯学習」という用語・概念を混同してしまうと，はじめに述べた俗論としての生涯学習論にもつながってしまうのである。

さて，臨時教育審議会では，学歴社会といわれる状況をどのように変革するかが主要なテーマとなっていた。その際，登場してきたのが「生涯教育」という概念である。1965年以降次第にコトバとして定着してきたものであり，「学校教育と社会教育は車の両輪」というような比喩は，教育の世界ではよく使われるものになっていた。学校を中心とする教育から，「生涯教育」という発想での教育の仕組みづくりをするという方向への転換が考えられるようになってきた。「生涯教育体系への移行」ということである。ところが，そこで，大きな問題が生じてきた。「教育」「生涯教育」という用語への反発である。

時代は，一見すると豊かな社会の様相を見せており，社会党・共産党の勢力は往時の力もなかった。しかし，教育界・研究の世界では，まだ（いや現在でも），その勢力は支配的な位置を保っており，彼らによって人々の生涯を管理しようとするものであると位置づけられる「生涯教育」という発想は，大きな反発を買うこととなった。中曽根内閣総理大臣は，アメリカ・レーガン大統領，イギリス・サッチャー首相と共に，小さな政府と民間の参入を意図して市場を重視する新自由主義の発想による行政を目指す陣営に属すると見なされていたわけで，「権利としての社会教育」という発想からは，とうてい受け入れがたい存在となる。

そのような状況を踏まえてであろう，「生涯学習体系への移行」という用語が登場する。「教育」が押しつけがましいイメージを持つこと，「生涯教育」が，生涯にわたる管理という誤解・批判を生ずることへの対応であり，学ぶ人に焦点を据えるという配慮であるという説明がなされ，さらに，「生涯学習の支援」であると，文部省だけではなく，通産省，厚生省，労働省など，省庁を横断する施策が可能になる，という触れ込みもあった。いずれにしても，「生涯教育」

という用語は後退し,「生涯学習」という用語が登場する,ということになる。

「生涯学習」という用語は,それまで,すでにふれた1981(昭和56)年の中央教育審議会の答申「生涯教育について」において,「各人が自発的意思に基づいて行うことを基本とするものであり,必要に応じ,自己に適した手段・方法は,これを自ら選んで,生涯を通じて行うもの」を「生涯学習」と呼ぶのがふさわしい,とされている概念である。(なお,同答申では,「生涯教育」を「国民の一人一人が充実した人生を送ることを目指して生涯にわたって行う学習を助けるために,教育制度全体がその上に打ち立てられるべき基本的な理念である」という。)しかし,この「生涯学習」という用語は,宮原誠一編『生涯学習』(東洋経済新報社,1974)として,すでに書籍のタイトルとして用いられているものでもあった。そこでの,「生涯学習」という用語は,「権利としての社会教育」の立場から,国が国民の管理統制を強化するための手段としての生涯教育政策を展開しているとみて,それに対抗し打ち砕くための手段として「国民の自己教育運動」を位置づけるものであった。文部省関係者は,おそらくそのことを深くは知らずに用語を採用したのであろうが,イデオロギー臭の強い用語法の方は,広がりを欠くようになる。ただ,「生涯学習」という用語は,曖昧さを持つこともあり,どのような文脈・どのような意味で用いられているのかを意識する必要があるのだろう。

さて,「生涯学習」という用語は,欧米においては,職業能力開発の文脈で使用され,第三世界の国々では,基礎教育・識字教育の文脈で使用されることが多いことも確認しておこう。当然のことであるのだが,置かれている社会状況のなかで,「生涯学習」の意味するもの,あるいは「生涯学習」に期待されるものが異なっているのである。ここでは,日本においては,学歴社会を変革する際のキイワードとして「生涯教育」が位置づけられ,さらに,「生涯学習」という用語が広がるということになってきたのだということを確認しておこう。

現実には,日本においては,趣味や楽しみの追求,資格の取得というような個人が充実するための学習,時間的に余裕のある高齢者や家庭の主婦が行う学習,というような,一面的なイメージを持ったコトバとして「生涯学習」が位置づいているという,不幸な状況も存在している。

（2）生涯学習概念と社会教育

　「生涯学習」という用語が行政分野で使われるようになって，社会教育の領域は，混乱した。旧来，社会教育という用語が使用されていたものが，そのまま「生涯学習」という用語に置き換えられるというような，乱暴なことも行われ，社会教育，生涯学習の両者ともに悪い影響をもたらしたと考えられる。

　臨時教育審議会の答申を受け，文部省は，1988年に社会教育局を生涯学習局に改編し，筆頭局と位置づけた。生涯学習局には，生涯学習振興課が新設され，放送大学，専修学校・各種学校，社会通信教育，大学入学資格検定，民間教育事業関係などの事務が担当されることになった（後に，後述の生涯学習振興法関連の事務が加わる）。90年には中央教育審議会答申「生涯学習の基盤整備について」が出され，同年「生涯学習振興法」（生涯学習の振興のための施策の推進体制等の整備に関する法律：「権利としての社会教育」を標榜する人々は，「生涯学習振興整備法」という略称を用いることが多い）が成立した。

　この，文部省の機構改革が，社会教育と生涯学習についての混乱を引き起こすことになる。機構改編の仕方から見れば，「生涯学習」は，旧来の社会教育にいくつかの領域（の事務）を加えたものだということになっている。国レベルあるいは，都道府県レベルの行政では，意味があることであっても，市町村レベルの行政では，ほとんど関係ないことなのであるが，多くの自治体で，社会教育課が生涯学習課へと名称を変更するということが行われた。折しも，日本経済は好況であって，自治体の財政にもゆとりがあり，カタカナを用いた愛称を持つ「生涯学習センター」が，（生涯学習振興法で想定されていた都道府県のみならず）市町村で設置されるケースも多く見られた。それまでの行政による社会教育は，生涯学習という用語のおかげで，充実したかのように見えた。ところが，第二次大戦敗戦後，社会教育として，公民館・図書館・博物館，社会教育関係団体を通じて，地域住民の学習を支援してきた営みは，その後，衰微するという道をたどることになる。それは，1990年代当時，「何でも生涯学習（に関係する）」というような，安易な考え方で施策を推進してきたことのツケなのである[15]。

生涯学習支援の一環として（行政による）社会教育が存在している，という，きわめて当然のことが理解されなければならない。学習と教育とは，教育的価値の存在という観点から，まったく異なるものである，ということを前提にしないと，行政による社会教育の意義が理解されないことになってしまうのである。

行政の担う社会教育には，公共的課題[16]や倉内史郎の「公共的テーマ」（倉内史郎『社会教育の理論』第一法規，1983，p.201.）を学習課題として取り上げることが，その基本的な使命（英語を使いたければ，mission）として存在していると考えられる。これさえできていれば，あとは，余裕があれば行えばよいのである。1992（平成4）年の生涯学習審議会答申「今後の社会の動向に対応した生涯学習の振興方策について」において言及・例示された①生命，②健康，③人権，④豊かな人間性，⑤家庭・家族，⑥消費者問題，⑦地域の連帯，⑧まちづくり，⑨交通問題，⑩高齢化社会，⑪男女共同参画社会，⑫科学技術，⑬情報の活用，⑭知的所有権，⑮国際理解，⑯国際貢献・開発援助，⑰人口・食糧，⑱環境，⑲資源・エネルギー，という「現代的課題」のことであるが，公共的課題という表現がふさわしいのであろう。

行政が直接提供する学習機会における学習課題（公民館の講座，図書館の蔵書，博物館の設置目的・企画展の趣旨，などに反映される）の設定や民間の活動を支援する際の基準として，公共的課題の認識と解決へ向けた方向づけがなされているかが問われることが必要なのである。それも，継続的に。これこそが，行政の担う社会教育の役割であって，民間の営利・非営利の活動には，なかなか任せることができないことなのである。営利事業には，個人の趣味や楽しみの追求ということではないので馴染みにくく，採算性を最重視するわけではないので，チャリティとかで単発的には可能かもしれないが継続的に行われ

15：このあたりの状況については，鈴木眞理「生涯学習社会の社会教育」鈴木眞理・松岡廣路編著『生涯学習と社会教育』（シリーズ生涯学習社会における社会教育1）学文社，2003，p.139-158．や鈴木眞理「社会教育政策の意味と変遷」鈴木眞理・大島まな・清國祐二編著『社会教育の核心』全日本社会教育連合会，2010，p.7-24．を参照されるとよい。

16：宮坂廣作の「public affairs（公共的課題）」。（宮坂廣作『現代日本の社会教育』明石書店，1987，p.222．）

ることは困難である。非営利の活動、10数年前からにわかに注目されてきたNPOには、公共的課題の追求は馴染みやすいが、継続的に行うという点での不安定さが残る。NPOが継続的安定的な活動を行うということは、その設立者（達）の当初の意思を変更し、存在することが目的になるような、矛盾したことになる。非営利の活動が、安定した社会組織の一部として、永続を期待されるようになると、社会の変革者としての意味を失うことになる。NPOの役割に期待することはあっても、社会教育の全てをNPOに任せるということは、行政が存在する以上、できないはずである。「新しい公共」などともてはやされることがあるが、「古い公共」の役割を忘れてはならないのである[17]。

社会教育と生涯学習・生涯学習の支援とは、まったく異なる概念であることを理解することが、まず必要なことなのである。

4. 学歴社会と生涯学習社会

(1) 学歴社会は乗り越えられるか

明治時代になり、1872（明治5）年の学制導入などによって、義務教育の制度が形づくられ、学校は、江戸時代までの身分が固定された社会を、諸外国との競争に適応するための社会に転換するための装置として位置づけられた。当時の後進国・日本は、義務教育制度の普及によって、善良な国民、良質な労働力を育成することを目指したが、それは、個人の側の立身出世への希求も利用する形で展開され、上級学校への進学競争、学歴競争は次第に過熱するようになった。第二次大戦に至る過程でも、学歴競争は存在したが、第二次大戦後のベビーブーム世代の新制高等学校への進学時期に相前後して、受験競争は激化していった。周囲の他者は、常に競争相手として存在するような環境にあっては、

17：このあたりについては、鈴木眞理『ボランティア活動と集団―生涯学習・社会教育論的探求』学文社、2004、p.197-213. や、鈴木眞理「生涯学習における変革と安定をめぐる問題」鈴木眞理・梨本雄太郎編著『生涯学習の原理的諸問題』（シリーズ生涯学習社会における社会教育7）学文社、2003、p.169-182. を参照されたい。

円満な人間性が育たず，何らかの対応が求められて来た。

　この間，高等学校への進学率は，1955年51.5%，60年57.5%，65年70.7%，70年82.1%，75年91.9%，80年94.2%，85年93.8%，90年94.4%，95年95.8%，2000年95.9%，05年96.5%と推移していて，大多数が進学し，義務教育に近い性格を持つようになってきている。また，大学・短大への進学率は，1955年10.1%，60年10.3%，65年17.0%，70年23.6%，75年37.8%，80年37.4%，85年37.6%，90年36.3%，95年45.2%，2000年49.1%，05年51.5%，10年56.8%となり，同世代の半数が高等教育の機会に接することになった。

　いわゆる学歴社会とは，人生の初期に教育を受けた履歴がその後の人生に決定的な影響を与える社会というように考えられる。学歴によって人間を評価することは，教育歴・学習歴が，個人の能力にそのまま反映し，高学歴であればそのひとのパフォーマンス・仕事の実績は高いものになる，ということが保証・実証されているのならば，限定的な場面では，問題は生じないことになる。ただ，問題は，そこに，学歴によって人間の固有の権利を制限するということが絡んでくることにある。たとえば，資格によっては，たとえば高校あるいは大学卒業以上の学歴が代替不可能な形で要求されていたり，というものも存在する。能力の保障があれば，そのような制限は不要なことになる。また，親の高学歴が高収入や社会的な高い評価につながり，子どもの生育環境・学習環境に影響を及ぼすことも指摘され，それが，社会的な活動の機会や財産の形成などの観点からして，公平な社会であるかという疑問も提起される。機会の平等を実現すればいいのだということもいえるだろうが，結果の平等こそが，多くの人々の関心事になっているはずである。

　学歴を，資格などに絡めないことによって，学歴社会といわれる社会の弊害の一部は除去される。現実に，専修学校経由で大学入学を可能にしたり，資格試験の学歴要件の緩和，大学入学資格検定・高卒認定試験の充実など，学歴社会の克服に向けた施策も展開されてきている。ただしかし，学歴社会の，より深い問題は，人々の意識に関わる問題なのでもあろう。能力や意欲があっても報われないことは，どのような社会にも存在することであり，それらまで学歴社会の問題として捉えることは間違っているのであろう。財産の私有が認めら

れている社会であるので，個人の天賦の能力や環境を活用して正当に獲得した，活動の場や財産は肯定されていいのであろう。「ただ」「でもね」ということもよく理解できる。しかし，残念ながら，それは，学歴社会是正の問題とは異なる問題なのである。そのように考えてくると，学歴社会の是正は，気持ちよく人間が暮らすことができる条件を，ほんの少しだけ変えることができるだけのことなのかもしれない。

（2）生涯学習社会をどう評価するか

　生涯学習社会は，「生涯のいつでも，自由に学習機会を選択して学ぶことができ，その成果が社会において適切に評価されるような」社会，であると規定されていることはすでに指摘した。学歴社会の弊害の除去を目的とし，多様な学習機会の存在の認知と，学習の成果への注目とを，論点として，望ましい社会を見通した考え方である。

　この生涯学習社会は，はたして，ユートピアであろうか。学歴社会の弊害を除去するのであるのだから，学歴社会よりは，好ましい社会なのであろう。しかし，少し考えるとわかることだろうが，学歴社会から生涯学習社会に転換すれば，人間は憂いなく暮らせるというような万能な社会では決してない。むしろ，生涯学習社会の弊害，というようなものも存在すると考える方が普通であろう。

　学習の成果が適切に評価されるということは，きちんとした成果が得られていなければ，低く評価されるということである。機会が平等に与えられていれば，それで，結果も同じになるという発想は，個体差を意図的にか無視した議論である。残念ながら人間は，皆同じような能力を持って生まれてきているわけではないし，生育環境も同じように恵まれているわけではない。そんなことは，周囲を見ればわかるであろう。何の憂いもなく，能力にも環境にも恵まれて，おおらかに暮らして，経済的にも恵まれ，社会的な名声を得ている人間もいれば，努力をしても恵まれない人間もいる。生涯学習関連の研究者・大学の教員の中にも，明らかにはじめから優位な条件にあった人間とそうではない人間がいる。学習機会自体も平等に与えられているわけでもない。やればできる

のだという掛け声は，虚しいともいえるし，そのような不平等・不幸の存在を隠蔽するものでもあるという側面もある。生涯学習社会という発想は，実は，弱者に配慮するようなふりをした強者の論理であり，学歴社会のようなストレートな強者の論理の発想よりタチが悪いとすることもできるのである。

　ただ，生涯学習社会という発想の中に，学習の成果への注目があることは興味深いことでもある。学習の成果は誰のものか，学習の成果はいつ出るのか，ということを考えることは，生涯学習や社会教育を根源的なところで考えるということに繋がっていく。

　学習の成果は，普通に考えれば，学習した人に帰属することになる。しかし，その学習の成果は，周囲の人に広がっていくこともある。学習内容によることであるわけだが，学習の成果の受け手が学習者自身にとどまる学習もあるし，受け手が広がっていく学習もあるということである。また，学習の成果がすぐに出る場合もあるが，ずっと後になって成果が出る場合もあるということにも注意が必要であろう。生涯学習といって，資格の学習や趣味的な内容の学習だけを念頭に置くと，学習の成果は自分のもので，すぐに出る，というように考えがちである。しかし，生涯学習の内容には，社会的課題・公共的課題に関するものもあるわけで，それについての学習の成果は，学んだ個人だけに帰属するものでもなく，すぐに出るというものでもない，ということを考えることはできるであろう。そのような内容の学習機会を，行政が社会教育として継続的に提供していくことは，重要なことなのである。民間の営利的な機関ではあまりできない，民間の非営利の機関・NPOなどでも継続的安定的に学習機会を提供していくことにも障害は多い。行政の役割として，社会的課題・公共的課題に関する学習機会の提供が求められていると考えられるわけである。公民館・図書館・博物館・青少年教育施設等の社会教育施設の設置や運営，社会教育関係団体への支援などに代表される，社会教育行政という形での行政の役割は，ますます重要になるものと考えられる。

　学習内容を個人の利害に関するものから，社会の存立に関するものまで広げて考えることによって，生涯学習社会の意味は変わってくるといえる。生涯学習が個人の楽しみの追求に矮小化されないで，社会的課題・公共的課題に迫る

学習としてとらえられれば，生涯学習社会は，大いに期待される社会であることは間違いない。そのような認識を多くの人ができるようになれば，生涯学習社会が現実になったといえるのであろう。

Ⅱ章　生涯学習振興行政の変遷

1．第二次世界大戦後の社会教育行政の展開

(1) 戦後の社会教育行政の再出発

　第二次世界大戦直後の社会教育行政は，戦前の社会教育が国民の教化活動や統制指導に利用された反省から，GHQ（General Headquarters；連合国軍最高司令部）に置かれた CIE（Civil Information and Education Section；民間情報教育局）の指導の下，民主主義思想の普及と国民の自主的・自発的な学習活動を支援することを基本に体制の整備が図られていった。

　終戦後間もない1945(昭和20)年9月，文部省（現文部科学省。以下同じ。）は戦後のわが国における教育の方向性を示す「新日本建設の教育方針」を発表したが，その中で成人教育や家庭教育をはじめ社会教育全般の振興を掲げた。また，同年10月には戦時中廃止されていた社会教育局が復活し，国の社会教育行政機構が一応整った。さらに11月には，都道府県レベルでの社会教育の基盤整備を推進するため訓令「社会教育の振興に関する件」が発せられた。

　1946(昭和21)年，第一次米国教育使節団が来日し，日本の教育を視察した上で，戦後教育の基本的指針を盛り込んだ報告書を GHQ に対し提出した。報告書では，社会教育に関し，日本の民主化を推進する上で成人教育がきわめて重要であるとして，PTA 活動の奨励，学校開放，図書館・博物館の整備等について勧告した。

　1947(昭和22)年3月，わが国の教育政策の基本となる教育基本法が制定される。制定時の教育基本法第7条では，「家庭教育及び勤労の場所その他社会で

行われる教育は，国及び地方公共団体によって奨励されなければならない」としたうえで，「国及び地方公共団体は，図書館，博物館，公民館等の施設の設置，学校の施設利用その他適当な方法によって教育の目的の実現に努めなければならない」と規定された。1948(昭和23)年7月には教育委員会法が制定されて，社会教育の事務は各地方公共団体の教育委員会が担当することとされたが，その権限や任務が明確ではなかったことや，この頃になると公民館の全国的な普及やPTA活動の活発化等の状況もあり，社会教育に関する具体的な内容を示す法律の制定に対する機運が高まってきて，1949(昭和24)年6月社会教育法が成立した。ただし，図書館については別途立法化を進める動きがあったことなどから，同法第9条において「図書館，博物館は社会教育のための機関とする」とだけ明記し，両者については別途単独法を制定することとなった。その後，1950(昭和25)年4月に図書館法が，また1951(昭和26)年12月に博物館法が公布され，社会教育関係の法制度が整うこととなった。

(2) 社会教育の基盤整備

　社会教育行政は，社会教育法第3条に規定されるように，国民の自主的な学習活動を支援するための環境整備を重要な任務とすることから，人々の学習活動の拠点である社会教育施設の整備は戦後間もない頃からきわめて重要な課題であった。中でも公民館は，戦後いち早くわが国独自の社会教育施設として構想され，文部省が1946(昭和21)年7月に文部次官通牒「公民館の設置運営について」を発したこともあって，その設置が促進され全国に普及していった。1949(昭和24)年6月の社会教育法制定により，公民館が法律上教育機関として位置付けられると，文部省は1950(昭和25)年度から運営費に対する補助，さらに1951(昭和26)年度からは施設整備に対する補助を開始し，その設置促進，職員や設備の充実を図った。

　図書館，博物館は，ともに長い歴史を持つ専門的教育機関であるが，戦時中被災した施設も少なくなく，その復旧も遅れていた。第一次米国教育使節団報告書において図書館・博物館の充実が強調されたこともあり，1950(昭和25)年4月に図書館法が成立すると，文部省は1951(昭和26)年度から公立図書館の運

営費及び施設整備費に対する補助を開始した。また，同年12月博物館法が成立し，全国各地で既存施設の改善や新規施設の整備が行われるようになると，文部省でも1952(昭和27)年度から公立博物館の運営費及び施設整備費に対する補助を開始した。

戦後間もない1948(昭和23)年，占領軍は16ミリ発声映写機とCIEフィルムを日本政府に貸与し，社会教育に利用させることにした。このため文部省は各都道府県に視聴覚教材・機材の貸し出しを行う視聴覚ライブラリーの設置を奨励した。その後，市町村等でも視聴覚ライブラリーを設置するところが増えていき，視聴覚教育は急速に進展した。

この時期，社会教育関係団体の再編も進んだ。戦前から活動していたボーイスカウト，ガールスカウトなどの青少年団体も再発足するとともに，新たな青少年団体も多数創立された。全国各地で新しい地域青年団の結成が進み，1951(昭和26)年には全国組織「日本青年団協議会」が結成されている。また，GHQの指導の下，地域婦人会の結成が急速に進み，1952(昭和27)年には「全国地域婦人団体連絡協議会」が結成された。さらに，第一次米国教育使節団報告書においてPTAの必要性が勧告されたこともあり，CIEの強力な指導の下，全国各地でPTAの結成が活発化した。文部省も1947(昭和22)年に「父母と先生の会―教育民主化の手引き」を作成，さらに翌1948(昭和23)年には「父母と先生の会参考規約」を作成・配布し，全国的な普及を図った。1952(昭和27)年には「日本父母と先生の会全国協議会（現日本PTA全国協議会）」が結成されている。

人々の学習機会も着実に拡充されていった。戦前からの青年学校は1947(昭和22)年度限りで廃止されたが，その頃から特に農村地域で働く青年の自発的な学習活動が活発に行われるようになり，これが青年学級と呼ばれて全国に普及していった。その後社会教育法が成立すると，公民館の講座として開設される青年学級も増えていったことから，文部省でも地方公共団体に研究委嘱を実施しながら法制化に着手した。青年学級の法制化に対しては，その創設の経緯から，教育の自由を阻害するものといった反対意見も大きかったが，1953(昭和28)年8月に青年学級振興法が公布された。

(3) 社会教育行政の進展

　1950年代半ば以降，わが国は高度経済成長期に突入し，社会構造そのものが急激に変化する。こうした状況に対応し，職業生活を豊かにするため，あるいは生きがいのある人生を送るため，生涯にわたって学習することが極めて重要な課題となっていった。社会教育行政も，多様化・高度化する人々の学習要求に対応して，学習機会の拡充や，学習内容の改善・充実等が図られていった。

　社会教育法は，社会教育行政の拠りどころとして，戦後の社会教育の振興にきわめて重要な役割を果たした。しかしながら，法制定後10年が経過し，その後の社会の変化や社会教育そのものの進展により実情に合わない部分も生じてきたことから，1959(昭和34)年社会教育法の大幅な改正が行われた。主な改正点は次のとおりである。

　第一は，社会教育主事の必置制の拡充である。社会教育主事は，1951(昭和26)年の社会教育法の一部改正により都道府県教育委員会に必置とされたが，これを市町村教育委員会にまで拡大した。

　第二は，社会教育関係団体に対する補助金支出を禁止する規定の削除である。社会教育関係団体は，戦後の社会教育の振興に大きな役割を果したが，憲法第89条「公金その他の公の財産は，宗教上の組織若しくは団体の使用，便益若しくは維持のため，又は公の組織に属さない慈善，教育若しくは博愛の事業に対し，これを支出し，又はその利用に供してはならない」及び制定時の社会教育法第13条「国及び地方公共団体は，社会教育関係団体に対し補助金を与えてはならない」の規定によって補助金の支出は厳に禁止されていた。社会教育法の規定改正により，国や地方公共団体は社会教育関係団体の活動に対して財政的に援助することが可能となった。ただし，この改正に対しては，国による社会教育関係団体に対する統制につながる等の民主的勢力からの強い批判もあったことから，補助金支出の適正化を図るため，国にあっては社会教育審議会の，地方公共団体にあっては社会教育委員の会議の意見を聞かなければならないとされた。

　第三は，公民館に関する規定の整備である。公民館の整備が進む中，その健

全な発展を図るため，文部大臣は公民館の設置運営上必要な基準を定めることとなった。また，公民館の職員として，公民館主事が法律上位置づけられた。

　第四は，社会教育委員の職務の追加である。社会教育委員は本来諮問機関であるが，市町村の社会教育委員に限って，教育委員会からの委嘱により青少年教育に関する特定事項について，指導と助言ができることとなった。

2．生涯教育の理念の導入と社会教育行政

（1）生涯教育の理念の導入

　好調だったわが国経済は，1970年代に入ると，ドルショックやオイルショックを経て低成長時代に入るが，これを先端技術開発等により何とか乗り切った。経済的安定を背景として，人々の学習要求もますます多様化，高度化していく中で，1971(昭和46)年4月社会教育審議会答申「急激な社会構造の変化に対処する社会教育のあり方について」が出された。この答申は，急激な社会変動に対応して人々の教育的要求が多様化，高度化しており，こうした状況に対処するためには，「生涯教育の観点に立って，教育全体の立場から配慮していく必要がある」と提言し，文部省の審議会として初めて生涯教育の理念を導入した。

　「生涯教育の理念」は，1965(昭和40)年にユネスコの成人教育推進国際委員会において提唱されたものである。教育は青少年期に集中して行われる学校教育だけではなく，生涯にわたってさまざまな教育機会が提供されなければならないという考え方であり，人間の生涯という垂直軸の教育機会と，個人及び社会全体という水平軸の教育機会を統合しようとする理念であった。

　社会教育審議会の答申は，生涯教育における社会教育の重要性を指摘し，今後の社会教育行政の在り方，当面の重点施策についてさまざまな提言を行った。その後のわが国の社会教育行政は，この答申を重要な指針として展開されることになった。なお，同年，中央教育審議会から「今後における学校教育の総合的な拡充整備のための基本的施策について」が答申されたが，その中でも生涯教育の観点から学校教育の改善の方向性を提言するとともに，家庭教育・社会

教育の役割への期待も指摘している。

（2）社会教育行政の量的拡大

　1971(昭和46)年の社会教育審議会答申が当面の重点として強調した社会教育施設の整備と指導者の充実については，その後大きな進展が見られた。公民館，図書館，博物館等公立社会教育施設の整備に対する国庫補助金額は1970年代後半にはピークを迎え，1978(昭和53)年度からは社会教育に関する情報提供・学習相談・指導者研修・広域事業等を総合的に行う「県立総合社会教育施設費」に対する補助金が新たに始まった。また，1972(昭和47)年度から社会教育の特定分野について直接指導に当たる社会教育指導員の設置に対する国庫補助［地方社会教育活動費補助金（社会教育指導員設置費）］が，さらに1974(昭和49)年度には市町村の社会教育の振興を図るため，都道府県が専門性の高い社会教育主事を確保し，市町村の求めに応じて派遣する社会教育主事（派遣社会教育主事）の給与費に対する国庫補助［地方社会教育活動費補助金（社会教育主事給与費）］も始まるなど，社会教育指導者の充実が図られた。

　国立の青少年教育施設も充実の方向に向かう。1959(昭和34)年の「国立中央青年の家」の設置に始まった「国立青年の家」の整備に加え，青少年の体験活動の減少に対応するための「国立少年自然の家」が，1975(昭和50)年の「国立室戸少年自然の家」の設置をはじめとして全国に整備されていった。また，1975(昭和50)年の国際婦人年とそれに続く「国連婦人の10年」を契機として，1977(昭和52)年には女性リーダー育成等のため「国立婦人教育会館」が埼玉県嵐山町に設置された。

　なお，この時期になると社会教育行政による学習機会の提供に加えて，民間や大学等における学習機会の提供も充実しはじめる。1974(昭和49)年に東京都新宿区に朝日カルチャーセンターが開講されると，民間カルチャーセンターが全国的なブームになっていった。また，1979(昭和54)年には立教大学で初めて社会人入学の制度が導入されるなど大学開放も充実の方向に向かう。

　社会教育行政や民間教育事業者等による人々の教育・学習機会が豊かになる一方で，学歴偏重の社会的風潮が広まっていき，それが社会のさまざまな分野

に影響を及ぼすようになっていった。そのような中，中央教育審議会は，1981(昭和56)年6月，答申「生涯教育について」をまとめた。この答申では，生涯学習は自己の充実・啓発や生活の向上のため，自発的意思に基づき，必要に応じ，自己に適した手段・方法を選んで，生涯を通じて行う学習とし，また生涯教育は生涯学習のために，社会のさまざまな教育機能を相互の関連性を考慮しつつ総合的に整備・充実しようとする考え方であるとして，文部省の審議会として初めて「生涯教育」と「生涯学習」の違いを明らかにした。そのうえで，今後は「広く社会全体が生涯教育の考え方に立って，人々の生涯を通ずる自己向上の努力を尊び，それを正当に評価する，いわゆる学習社会の方向を目指す」必要があると指摘した。

　さらに生涯教育の観点からみた社会教育の課題として，社会教育事業の拡充，社会教育施設の整備充実，社会教育指導者の養成等を挙げた。

　特に，社会教育施設に関して，この時期，1978(昭和53)年度から開始された「県立社会教育総合施設費」補助金等により整備が進められてきた「県立社会教育センター」を参考に，生涯教育の観点から同様の機能を持つ施設を「県立生涯教育センター」という名称で整備する自治体が現れたこともあって，この答申では「生涯教育センター」の一層の整備の必要性を提言した。以後，県によっては施設の名称変更を行ったり，あるいは新たに施設を計画するところも徐々に増えていき，「生涯教育センター」の整備が徐々に拡がっていった。その後「県立社会教育総合施設費」補助金は，1989(平成元)年度からは都道府県及び人口10万人以上の市を対象とする「公立社会教育総合施設整備事業（公立生涯学習センター施設整備事業）」に，さらに1991(平成3)年度からは都道府県を対象とする「公立生涯学習推進センター施設整備事業」と制度が変更されつつ引き継がれていった。

3．教育改革の推進と生涯学習振興・社会教育行政

（1）生涯学習への焦点化

　1970年代の半ば以降になると，高校の進学率が90％を超え，大学進学率も40％に近づくなど，受験競争が激化する。一方で，当初高校で問題となった校内暴力等が，1980年代に入ると次第に中学・小学校へと低年齢化し，全国各地で学校の荒廃が拡がっていった。また，家庭内暴力やいじめ・登校拒否なども社会問題化した。こうした教育をめぐる問題に対処するため，1984(昭和59)年に当時の中曽根内閣総理大臣直属の諮問機関である臨時教育審議会（臨教審）が発足した。臨時教育審議会は，「個性重視の原則」を大原則として，1985(昭和60)年から1987(昭和62)年にかけて四次にわたる教育改革に関する答申を出した。特に1986(昭和61)年の第二次答申では，「わが国が今後，活力を維持し発展していくためには，学校教育の肥大化に伴う弊害，特に，学歴社会の弊害を是正するとともに，学習意欲の新たな高まりと多様な新しい教育サービス供給体系の登場，科学技術の進展などに伴う新たな学習需要にこたえ，学校中心の考え方から脱却しなければならない」と「学歴社会の弊害の是正」と「生涯学習体系への移行」を提言した。特に，「生涯学習体系への移行」に向けて，生涯にわたる学習機会の整備や生涯学習のための家庭・学校・社会の連携の必要性等を強調した。臨時教育審議会はその設置の経緯もあり，これまで文部省が進めてきた生涯教育の観点とは異なり，学習者個人の生涯学習に着目して教育改革の方向性を提言した。以後，「生涯学習」が教育改革のキーワードになっていく。文部省も臨時教育審議会の答申を受け，生涯学習社会の実現に向けてさまざまな施策を展開していくことになった。

（2）生涯学習振興行政への転換

　臨時教育審議会の答申を受け，1988(昭和63)年7月に文部省は機構改革を行い，省内を大きく再編した。従来の社会教育局を改組・拡充して，新たに生涯

学習局が設置された。生涯学習局は，生涯学習振興課，社会教育課，学習情報課，青少年教育課，婦人教育課の五つの課で組織され，家庭教育・学校教育・社会教育・スポーツ・文化活動等生涯学習の振興に関する省内全体の施策の企画・調整を行うとともに，民間の教育事業の振興や，他の省庁が行う関連事業との連携協力を積極的に進めていくこととなり，総合的な生涯学習振興方策の展開を図るための体制整備が整うこととなった。社会教育行政も生涯学習を推進するための重要な柱としてその振興が図られることとなり，その在り方が大きく変化していった。

このことは，地方公共団体の生涯学習振興・社会教育行政にも大きな影響を与えた。すなわち，全国の自治体では，従来の社会教育課を生涯学習課に名称変更しただけのところも多く，それが結果として「社会教育」と「生涯学習」の混同を招き，現在にまで至っている。また，生涯学習の分野・領域はきわめて幅広く，生涯学習の振興も教育行政はもちろんのこと他の一般行政のさまざまな施策の中でも行われていることから，一部では施策間の競合が起きたり，連携協力のための連絡調整を要する事態が生じてくる。特に，1988（昭和63）年度から文部省が開始した「生涯学習モデル市町村事業」の普及により，「生涯学習宣言のまち」が数多く出現して生涯学習が首長部局の重点施策となってくると，その影響が社会教育行政にも徐々に及んでいくこととなった。

(3) 経済繁栄期における生涯学習振興・社会教育行政

1970年代における二度のオイルショックを乗り切ったわが国経済は，1980年代に入ると繁栄期に入り，1980年代後半にはいわゆるバブル経済を迎えることとなった。この時期になると政治，経済，文化などあらゆる機能が首都圏に集中する一方で，地方では人口減少，過疎化が急速に進展していった。こうした問題に対処するため，1987（昭和62）年政府は「多極分散型国土」の形成を基本目標とする「第四次全国総合開発計画」（四全総）を策定した。さらに，同年，民間資金の活用により国立公園等の自然環境を生かした長期滞在型リゾート施設等の建設により地域経済の活性化を図ることをねらいとして，「総合保養地域整備法」（リゾート法）が制定された。この法律では，スポーツ・レクリエ

ーション施設，博物館などの生涯学習関連施設も対象とされた。

　1990(平成2)年1月中央教育審議会は「生涯学習の基盤整備について」を答申した。答申では，国と地方公共団体における生涯学習に関する連絡調整組織の法的整備，都道府県の生涯学習推進センター及び大学の生涯学習センターの設置，生涯学習活動重点地域の整備，民間教育事業の支援の在り方等について提言した。

　提言を踏まえ，同年7月には「生涯学習の振興のための施策の推進体制等の整備に関する法律」(生涯学習振興法)が成立した。この法律では，国に生涯学習審議会を設置することや，都道府県における生涯学習推進体制の整備，都道府県が策定する地域生涯学習振興基本構想等について規定されており，わが国で初めて生涯学習が法概念として登場した法律である。ただ，その成立については，生涯学習は文部省以外の省庁にも関係することから，他省庁からの反対も大きかった。また，憲法・教育基本法等従来の教育法体系の空洞化や教育の市場化を押し進めるものといった反対の声もあり，その成立にはかなりの困難を伴った。法制定時の第10条の規定により国に設置された「生涯学習審議会」の審議事項は，文部省，教育委員会の所掌する事項が中心であるが，審議する内容が各省庁や地方公共団体の首長部局の所掌事務にも及ぶことから，生涯学習審議会の幹事として14省庁の局長クラスの幹部が任命され，生涯学習分野の答申，中間報告等が出される場合には幹事会が開催されることとなった。その後，2001(平成13)年1月の省庁再編により，生涯学習審議会は中央教育審議会に統合され，新たに中央教育審議会生涯学習分科会として発足しているが，2013(平成25)年の時点では，文部科学大臣が内閣府，警察庁，総務省，財務省，文部科学省，厚生労働省，農林水産省，経済産業省，国土交通省，環境省の10府省庁の幹事を任命している。

　また，答申では都道府県立の生涯学習推進センターの機能として，以下の事業を集中的に行うことを提言した。

　①生涯学習情報の提供及び学習相談体制の整備充実に関すること。
　②学習需要の把握及び学習プログラムの研究・企画に関すること。
　③関係機関との連携・協力及び事業の委託に関すること。

④生涯学習のための指導者・助言者の養成・研修に関すること。
⑤生涯学習の成果に対する評価に関すること。
⑥地域の実情に応じて，必要な講座等を主催すること。

　この提言を契機として，1991(平成3)年度から開始された国の「公立生涯学習推進センター整備事業」等を活用しながら，新たに施設の整備に取り組んだり，あるいは従来の生涯教育センターを改組したりして，多くの都道府県で「生涯学習センター（生涯学習推進センター）」が設置されることとなった。併せて，市区町村においても地域住民の生涯学習推進の拠点として「生涯学習センター（生涯学習推進センター）」を整備する状況がみられた。

　経済成長の一方で，オイルショック以後の赤字財政解消のため，この時期行政改革への動きも加速化する。1981(昭和56)年には臨時行政調査会（臨調）が発足し，「増税なき財政再建」という原則の下，1983(昭和58)年までに5次にわたる答申を出した。1981(昭和56)年の「行政改革に関する第一次答申」では，社会教育施設の民営化，管理運営の民間委託，非常勤職員の活用など民間活力の活用を提言した。さらに，1983(昭和58)年には臨時行政改革推進審議会（行革審）が発足し，1986(昭和61)年には最終答申「今後における行財政改革の基本方向」が出されたが，社会教育については，社会教育施設の民間委託やニーズの多様化に対応した民間事業の活用等が指摘されている。こうした臨調・行革審の影響もあり，それまで順調に推移してきた社会教育関係の予算も，徐々に削減，整理合理化へと方向転換することとなっていった。また，都道府県立生涯学習センター等生涯学習関連施設の第3セクターへの管理委託といった現象も一部では現れはじめた。

4．社会教育行政の役割の転換

(1) 生涯学習振興のための条件整備

　新たに発足した生涯学習審議会は，1992(平成4)年7月に「今後の社会の動向に対応した生涯学習の振興方策について」を答申した。その中で，今後は

「人々が，生涯のいつでも，自由に学習機会を選択して学ぶことができ，その成果が社会において適切に評価されるような生涯学習社会」の構築を目指すべきだと提言し，そのための条件整備として，当面取り組むべき四つの課題として，①リカレント教育の推進，②ボランティア活動の支援・推進，③青少年の学校外活動の充実，④現代的課題に関する学習機会の充実を挙げ，それぞれの課題の具体的な充実・振興方策を示した。さらに，1996（平成8）年4月に生涯学習審議会は答申「地域における生涯学習機会の充実方策について」を出す。この答申では，地域社会においてさまざまな学習機会を提供している機関を①大学等高等教育機関，②小・中・高等学校，③社会教育・文化・スポーツ施設，④他省庁や企業の研究・研修施設の4類型に分け，それぞれの類型ごとに生涯学習の機会充実を図るための目標・課題・具体的方策を明らかにした。また，社会教育施設等については，行政改革の推進に対応して首長部局の関連施設や民間教育事業者との連携強化についても強調されている。さらに，学校教育と社会教育の連携を一層進めるための方策として，「学社融合」という新しい概念を提言した。

　この答申では，学社融合とは「学校教育と社会教育がそれぞれの役割分担を前提としたうえで，そこから一歩進んで，学習の場や活動など両者の要素を部分的に重ね合わせながら，一体となって子どもたちの教育に取り組んでいこうという考え方」だとしている。

　こうした答申を受け，文部省でも生涯学習を振興するための条件整備に向け，施策の充実に積極的に取り組んでいくこととなったが，連携協力はその重要なキーワードになっていった。

（2）地方分権の推進と社会教育行政

　1990年代に入るとバブル経済は崩壊し，地価下落，不良債権の拡大，大手金融機関の破綻等を引き起こし，わが国経済は長い景気低迷期に突入する。それとともに政治状況も大混乱に陥る。また，国の財政赤字は拡大の一途をたどる中で，行財政改革は益々喫緊の課題となっていった。

　そのようななか，1995（平成7）年1月に阪神・淡路大震災が発生する。その

際，全国各地から多くのボランティアが駆けつけ，さまざまな分野で活動したこともあり，わが国においてボランティア活動が広く一般にも認知されることとなった。さらに，震災や行財政改革の推進を契機として，従来の「行政」と「民間」という二大セクターからなる社会構造に，第3のセクターとして「NPO（Nonprofit Organization）」を含めるべきだというに考え方が急速に拡大し，1998（平成10）年には「特定非営利活動促進法」（NPO法）が成立した。

　1996（平成8）年，第2次橋本内閣が誕生すると，首相は活力ある21世紀を築いていくための重点課題として，規制緩和，地方分権，民間活力の導入を柱に，行政改革，財政改革，社会保障構造改革，経済構造改革，金融システム改革，教育改革の「6つの改革」を打ち出した。行政改革については，1997（平成9）年に，首相直属の行政改革会議が中央省庁再編や独立行政法人の創設などを内容とする最終報告を行った。

　地方分権への動きも加速化していき，教育行政にも大きな影響を及ぼしていった。1995（平成7）年に成立した地方分権推進法に基づき設置された地方分権推進委員会は，国と地方の新しい関係を検討し，1996（平成8）年から1998（平成10）年にかけて5次にわたる勧告を出した。1996（平成8）年7月の第2次勧告では，国庫補助負担金の原則廃止・縮減を基本に，いわゆる「ハコモノ補助金」の廃止や人件費に係る補助金等の一般財源化などを勧告した。また，必置規制の見直しについても，公民館・図書館・博物館の職員の見直し，青年学級振興法の見直し等，個別事項を挙げて勧告を行った。このような厳しい状況を背景として，1997（平成9）年度には公立社会教育施設整備費補助金が廃止され，さらに1998（平成10）年度には派遣社会教育主事に対する国の助成制度が廃止・一般財源化されるなど，従来の社会教育行政の根幹を成していた補助金等が次々と廃止となった。

　また，地方分権推進委員会の一連の勧告を受け，1999（平成11）年に制定された「地方分権の推進を図るための関係法律の整備等に関する法律」（地方分権一括法）により，社会教育法が改正される。これにより公民館運営審議会の必置規制が廃止されるとともに，公民館長の任命に際しての公民館運営審議会の意見聴取も廃止となった。また，図書館法の改正も行われ，国庫補助を受ける

際の公立図書館の館長の司書資格保有要件等も廃止された。さらに，長い歴史をもつ青年学級振興法もその役割を終えたとして法律そのものが廃止になった。

以後，社会教育行政による生涯学習の振興も，新たな枠組みの構築を迫られることとなる。

（3）教育改革と連携・ネットワーク化

この時期，教育改革の動きも本格化した。1996（平成8）年7月と1997（平成9）年6月に，中央教育審議会から二次にわたる答申「21世紀を展望したわが国の教育の在り方について」が出された。この答申では，ゆとりの中で子どもたちに「生きる力」を育むことを基本に，学校の教育内容の厳選・スリム化と学校週5日制の導入や，家庭と地域の教育力の向上等を提言した。以後文部省は，本答申に沿って，いわゆる「ゆとり教育」の推進を図り，開かれた学校づくり，学校週5日制対応の社会教育関係事業の充実等，社会全体で子どもを育てるための体制整備を積極的に進めることとなった。また，地方分権・行財政改革が急速に進められる中で，民間教育事業者との連携も視野に入れた「連携・協力，ネットワーク」が徐々に教育改革の重点課題となっていく。

1996（平成8）年4月には生涯学習審議会が「地域における生涯学習機会の充実方策について」を答申した。この中で，多様化・高度化する地域住民の学習ニーズに対応するため，「社会に開かれた高等教育機関」や「地域社会に根ざした小・中・高等学校」など学校教育の地域社会への積極的な貢献等について提言した。さらに，社会教育に関しては，民間との連携強化とともに，学校教育との連携の方向性として，新たに以下のような「学社融合」という概念を提言した。

答申では，学社融合とは，従来の「学社連携」が必ずしも十分ではないとの反省から，「学校教育と社会教育がそれぞれの役割分担を前提としたうえで，そこから一歩進んで，学習の場や活動など両者の要素を部分的に重ね合わせながら，一体となって子どもたちの教育に取り組んでいこうという考え方」としている。

さらに1998（平成10）年9月，生涯学習審議会は答申「社会の変化に対応した

今後の社会教育行政の在り方について」を出し，生涯学習社会を構築するための社会教育行政の方向性として以下の観点から「ネットワーク型行政」を目指すべきだと提言した。

答申では，「生涯学習社会においては，各部局の展開する事業や民間の活動が個別に実施されると同時に，こうした活動等がネットワークを通して，相互に連携し合うことが重要である。これからは，広範な領域で行われる学習活動に対して，さまざまな立場から総合的に支援していく仕組み（ネットワーク型行政）を構築していく必要がある」と指摘し，「社会教育行政は生涯学習振興行政の中核として，積極的に連携・ネットワーク化に努めていかなければならない」としている。

以後，社会教育と学校教育の連携や，文部省と他省庁との連携施策が模索されていくこととなる。1999(平成11)年6月，生涯学習審議会から答申「生活体験・自然体験が日本の子どもの心をはぐくむ」と「学習の成果を幅広く生かす」が出されると，文部省はこれら答申を踏まえ，2002(平成14)年度からの完全学校週5日制の実施に向けて，子どもたちの多様な体験活動の機会の充実を図るため「全国子どもプラン（緊急3か年計画）」を策定し，環境庁（現環境省），農林水産省，林野庁，通商産業省（現経済産業省），科学技術庁（現文部科学省）の生涯学習関連施策との連携を積極的に展開していった。

5．行政改革の推進と生涯学習振興・社会教育行政

(1) 行政改革大綱と評価システムの導入

21世紀を目前にした2000(平成12)年12月，来るべき21世紀のわが国経済社会を，自律的な個人を基礎とした，より自由で公正なものとすることを目的とする「行政改革大綱」が閣議決定された。この中では，特殊法人等の抜本的見直し，行政評価システムの導入，市町村合併の推進や地方税財源の充実確保等による地方分権の推進，中央省庁の再編と国の事務事業の独立行政法人化など，新たな行政システムを構築するための改革案が多く盛り込まれていた。これを

受け，2001（平成13）年1月，中央省庁の再編が行われ，1府22省から1府12省庁へと行政機構の大改革が実施された。文部省は科学技術庁と統合となり，文部科学省として新たな道を歩みはじめることとなる。これに伴い，「生涯学習局」は，新たに，政策課・学習情報政策課・調査企画課・生涯学習推進課・社会教育課・男女共同参画学習課の六つの課からなる「生涯学習政策局」に改編された。また，社会教育の重要な分野である青少年教育は新たに設けられた「スポーツ・青少年局」の青少年課へと移管されることとなった。なお，学習情報政策課は省内組織の再編により2004（平成16）年度から参事官が担当していたが，2013（平成25）年7月からは新設された情報教育課にその事務が引き継がれ，同時に調査企画課の事務は政策課及び新設の参事官（連携推進・地域政策）に移管された。

　さらに，省庁再編と同時に独立行政法人制度が導入され，国立科学博物館は独立行政法人国立科学博物館に，また国立婦人教育会館は従前の「婦人教育」の分野が「女性教育」と変更されたことに伴い独立行政法人国立女性教育会館として発足した。国立オリンピック記念青少年総合センター，国立青年の家，国立少年自然の家は，当初それぞれ別の独立行政法人として発足したが，その後2006（平成18）年度に独立行政法人国立青少年教育振興機構として統合した。

（2）生涯学習関連施設への民間活力の導入

　一方，地方公共団体でも行政改革が加速されることとなる。1999（平成11）年に「民間資金等の活用による公共施設等の整備等の促進に関する法律」（PFI法）が成立し，翌2000（平成20）年に内閣総理大臣が基本指針を策定すると，地方公共団体でも民間資金を活用して民間に施設整備や管理運営を委ねるPFI（Private Finance Initiative）の手法を採用して社会教育施設を整備するところも出現してきた。さらに，2003（平成15）年地方自治法が改正され，従来，公立公営の原則の下，直営あるいは公的団体に限られていた公の施設の管理・運営が，「設置の目的を効果的に達成するため必要があると認めるとき」は，議会の議決を経て，民間企業やNPO等も「指定管理者」として管理委託を受けることが可能となった。この管理委託は期間を限って行われるもので，終了時

には期間内の管理運営に対する評価が行われることとなる。以後，公民館，図書館，博物館等社会教育施設でも指定管理者制度の導入が徐々に進んでいる。指定管理者制度は，これまでどちらかというと硬直的だった公的施設の運営に民間手法を取り入れるもので，利用者側に利便性の高い施設運営が可能となる。一方で，地方自治体では厳しい財政状況等を背景として予算縮減等を目的に本制度を導入するところが多く見受けられることから，図書館関係者をはじめ現在でも反対論が根強い。指定管理者には，利用者の立場に立つとともに，社会教育施設の本来の目的に沿った施設運営の努力が期待されている。

（3）新しい「公共」と生涯学習の振興

　2000（平成12）年1月，小渕内閣総理大臣のもとに設けられた「21世紀日本の構想」懇談会が「日本のフロンティアは日本の中にある―自立と協治で築く新世紀―」という報告書を出した。この中で，21世紀は，従来の「官から民へ」という上からの公共ではなく，自立した個人が社会に参画していくことにより，さまざまな主体と協同して「新しい公」を創出することが必要であると，初めて「新しい公共」の考え方を示した。

　この考え方は教育の分野にも拡がっていき，2002（平成14）年7月の中央教育審議会答申「青少年の奉仕活動・体験活動の推進方策等について」において，「個人や団体が支え合う，新たな『公共』を創り出すことに寄与する活動を幅広く『奉仕活動』として捉え，社会全体として推進する必要がある」と初めて「新たな『公共』」という表現が用いられた。その後，2003（平成15）年3月の中央教育審議会答申「新しい時代にふさわしい教育基本法と教育振興基本計画について」においても，21世紀の教育が目指すものとして，「新しい『公共』を創造し，21世紀の国家・社会の形成に主体的に参画する日本人の育成」を掲げている。さらに，2004（平成16）年3月の中央教育審議会生涯学習分科会の「今後の生涯学習振興方策について（審議経過の報告）」では，今後生涯学習を振興していく上で重視すべき観点の一つに，「生涯学習における新しい『公共』の視点の重視」を挙げ，「これまでの，ともすれば行政に依存しがちな発想を転換し，個人やNPO等の団体が社会の形成に主体的に参画し，互いに支え合

い，協力し合うという互恵の精神に基づく，新しい『公共』の観点に視点を向けることが必要」と指摘している。こうした視点は，その後の教育基本法の改正やそれを踏まえた学校教育関連法や社会教育関連法の改正に反映された。

6．生涯学習振興・社会教育行政の新たな展開

（1）教育基本法の改正と生涯学習振興・社会教育行政の方向性

　2006（平成18）年12月，戦後約60年ぶりに教育基本法が全面改正され，第2条の教育の目標に，「公共の精神に基づき，主体的に社会の形成に参画し，その発展に寄与する」態度や，「伝統と文化を尊重し，それらをはぐくんできたわが国と郷土を愛する」態度を養うことなどが新たに盛り込まれた。また，生涯学習関連では，新たに第3条の「生涯学習の理念」や，第10条の「家庭教育」に関する規定が設けられた。さらに，第12条の社会教育については「個人の要望や社会の要請」に応える展開が期待されることとなった。その他第13条の「学校・家庭・地域住民等の相互の連携協力」や，第17条の国や地方公共団体の「教育振興基本計画の策定」についても新たに盛り込まれた。こうした改正に対し，一部では，戦前の愛国心教育に繋がる，国民の基本的人権としての社会教育からの転換，国家統制の強化といった反対する意見もあった。

　教育基本法の改正を踏まえて，2007（平成19）年6月には学校教育法，教員免許法，地方教育行政の組織及び運営に関する法律（地教行法）等の学校教育関連法が，さらに2008（平成20）年6月には社会教育法，図書館法，博物館法の社会教育関連法が改正された。社会教育法の改正では新たに，第3条において社会教育行政は生涯学習の振興に寄与するよう努めること，そのために学校・家庭・地域住民その他関係者相互間の連携・協力の促進に努めることが盛り込まれた。また，市町村教育委員会の事務を規定している第5条においては，放課後等に学校や社会教育施設等を活用して地域住民の参画を得ながら子どもたちに学習・体験活動の機会を提供する「放課後子ども教室」（同条13号）や，地域住民がこれまでの学習成果等を活用しながらボランティアとして学校の授業

の補助，部活動の指導，図書の整理等を行う「学校支援地域本部」（同条第15号）に関する事務が追加され，さらに，こうした学校との連携事業を進めるため，第9条の3の社会教育主事の職務に，学校の求めに応じて必要な助言を行うことを可能とする規定が追加された。規制緩和の観点からは，第13条における地方公共団体が社会教育関係団体に補助金を交付する際の審議機関が，従来の社会教育委員の会議以外にも認められることとなった。また第32条では公民館の運営状況に対する評価とその結果に基づく改善を，さらに第32条の2では運営状況に関する地域住民等への情報提供が努力義務として新たに規定された。このことは，同時に行われた図書館法及び博物館法の改正により，図書館・博物館についても同様に求められることとなった（図書館法第7条の3・第7条の4，博物館法第9条・第9条の2）。さらに，生涯学習社会の構築に向けて，図書館や博物館が行う事業に「学習成果を活用して行う教育活動その他の活動の機会」の提供が新たに盛り込まれている（図書館法第3条，博物館法第3条）。

　社会教育法の改正等に見られるように，文部科学省の生涯学習振興施策が学校教育の支援に関するものに重点化されることに対しては，社会教育は学校教育のサポートなのかといった批判の声もあった。社会教育行政は，社会教育関連法の改正に導入された新たな視点にも配慮しながら，社会教育本来の役割を十分認識した上での施策展開が強く求められている。

（2）「知の循環型社会」の構築と生涯学習振興・社会教育行政

　2008（平成20）年2月，中央教育審議会は「新しい時代を切り拓く生涯学習の振興方策について〜知の循環型社会の構築を目指して〜」を答申した。答申では，わが国の置かれた厳しい状況を踏まえ，今後目指すべき生涯学習振興・社会教育行政の方向性として，①「国民一人一人の生涯を通じた学習の支援─『国民の学ぶ意欲』を支える」ことと，②「社会全体の教育力の向上─学校・家庭・地域が連携するための仕組みづくり─」の2点を掲げた。そのうえで，「学習成果の活用は，職業生活や社会における多様な活動において行われるものであるが，社会全体の教育力向上の観点からも，各個人が学習した成果を地域社会におけるさまざまな教育活動に生かすことが期待されている」と，自ら

のニーズに基づき学習した成果を社会に還元し，社会全体の持続的な教育力の向上に貢献する「知の循環型社会」の構築を提言した。また，今後の具体的な方策として，以下の施策を挙げている。

　上記①に関しては社会教育施設等を活用した地域社会における課題解決の取組等の充実，学習相談から学習成果活用までを一貫して支援する学習支援システム（ワンストップサービス）の構築，さまざまな機関・団体等が連携して学習コンテンツの提供や学習相談等を行いながら人々の学習活動を推進する地域の基盤（生涯学習プラットフォーム）の形成等を挙げた。また，②に関しては地域コミュニティや企業を含めた身近な地域における家庭教育支援基盤の形成，「放課後子どもプラン」等学校を地域の拠点として社会全体で支援する取組の推進，大学等との連携による地域の教育力向上への取組の推進等を挙げた。

（3）社会教育行政の危機

　長い歴史を持つわが国の教育委員会制度は，教育行政の中立性，継続性，安定性を確保し，教育行政に多様な民意を反映することを目的としている。しかしながら，2007(平成19)年6月の地教行法の改正により，本来教育委員会の職務権限である「スポーツに関すること（学校における体育に関することを除く。）」及び「文化に関すること（文化財の保護に関することを除く。）」について，条例の定めることにより地方公共団体の長が管理・執行できることとなった。これを契機に，スポーツ・文化だけではなく，社会教育についても首長部局に移管する地方自治体が見受けられるのは大きな問題である。社会教育は，学校教育と同様に，特定の党派的，宗教的影響力を排除し，政治的・宗教的中立性を確保するとともに，行政の安定性・継続性を確保することが強く求められており，地教行法の改正の対象になっていない。また，学校教育と社会教育の連携・協力はわが国の教育の最重要課題であることから，社会教育の振興は教育委員会が責任をもって行う必要があると考えられる。

　2009(平成21)年9月，政権交代により民主党鳩山内閣が誕生すると，脱官僚・政治主導を掲げて「行政刷新会議」が設置された。この行政刷新会議は，同年11月から生涯学習関連事業を含め国が行う各種事業の必要性等について公

開型の「事業仕分け」を実施した。その後，2011（平成23）年11月からは，国の重要政策の問題点を公開で議論する「提言型政策仕分け」が実施され，2012年1月に行政刷新会議独立行政法人改革に関する分科会から「独立行政法人の制度・組織の見直しについて」が出された。この報告では，「独立行政法人国立青少年教育振興機構」「独立行政法人国立女性教育会館」「独立行政法人国立科学博物館」等国立の生涯学習関連施設の業務運営について厳しい指摘がなされた。生涯学習振興・社会教育行政としても，その施策展開に当たっては，評価を前提とした業務改善に積極的に取り組むとともに，その成果を広く公表し，その意義を訴えていくことが求められるようになった。

7．教育行政と他の生涯学習関連行政との連携

　2012（平成24）年12月，政権交代により再び自由民主党安倍内閣が誕生すると，内閣の最重要課題の一つに教育改革が掲げられ，2013（平成25）年1月内閣総理大臣の諮問機関として「教育再生実行会議」が設置された。また，同年6月に政府が閣議決定した「経済財政運営と改革の基本方針～脱デフレ・経済再生～」（骨太の方針）において，基本方針の一つに「教育等を通じた能力・個性を発揮するための基盤強化」を取り上げ，「放課後子どもプラン」の推進等を掲げた。さらに，内閣が同時に策定した第2期の「教育振興基本計画」において，わが国を取り巻く危機的状況を回避するため，教育行政の基本的方向性として，①社会を生き抜く力の養成，②未来への飛躍を実現する人材の養成，③学びのセーフティーネットの構築，④絆づくりと活力あるコミュニティの形成の四点を掲げた。

　生涯学習振興・社会教育行政を取り巻く状況は，少子高齢化による社会保障費の増大や2011（平成23）年3月に発生した東日本大震災の復興関連予算の確保等を背景として，厳しい状況は続いている。このような状況下ではあるが，地域や社会の課題解決に資するため，文部科学省はもとより，他の府省庁でも必要な予算確保に努めながらさまざまな生涯学習関連施策を展開している。たとえば内閣府では，共生社会の実現を目指して，「子ども・子育てビジョン」や

「子ども・若者ビジョン」に基づく少子化対策・青少年育成支援施策や，女性の参画拡大の促進，高齢社会対策，障害者施策の総合的な推進を図っている。総務省では，地域と大学が連携して地域課題解決や地域おこしの活動を行う「『域学連携』による地域づくり」に取り組んでいるほか，教育分野におけるICTの効果的な利活用等を推進している。厚生労働省では，文部科学省との連携による放課後児童クラブの充実，大学生現役就職促進プロジェクトやジョブカード制度の推進等若者・女性・高齢者・障害者の就労支援等キャリア形成の支援策を積極的に展開している。地球温暖化対策等環境問題に取り組んでいる環境省では，環境教育等促進法に基づく日本型環境教育の構築・展開や，グリーン・イノベーションを促進する研究開発等にも取り組んでいる。法務省では人権啓発の推進に取り組んでおり，その他国土交通省，外務省，農林水産省，経済産業省などの省庁でも，各種の調査研究や計画策定，事業の実施等を通じて生涯学習の支援を行っている。

このことは地方公共団体でも同様で，教育委員会以外でも，首長部局のさまざまな部局課等で多様な生涯学習支援策が展開されている。

生涯学習振興施策を展開する省庁間では，これまでも文部科学省と農林水産省，厚生労働省，環境省との間で連携協議会を設置して，連携施策の推進が図られてきたが，各省の所掌事務の関係もあり必ずしも効果を上げているとは言い難い状況にある。一方で，生涯学習振興・社会教育行政が行う施策は，今後「選択と集中」によって真に必要な事業に限定される方向性が益々強まってくると考えられる。このことを考えると，生涯学習関連行政は，それぞれの行政の本来的な役割を再認識したうえで，それぞれの行政課題の解決に向けて，他の関連行政はもとより，NPOを含めた関連するさまざまな機関・団体等とのネットワークの拡大も視野に入れながら，幅広い観点から施策展開を探っていく必要性がますます高まっていると考えられる。

校との連携の確保に努め，及び家庭教育向上に資することになるよう必要な配慮をすること」や「学校，家庭，地域住民その他の関係者相互間の連携及び協力の促進に資する」ことを期待している。

　これらからもわかるように，社会教育行政は強制・命令を伴う権力的行政ではなく，非権力的な行政作用である。ただし，社会教育法第23条の公民館における事業・行為の停止や，博物館法第2章に定める博物館の登録・取消の制度などのように，ごく一部には規制作用も存在する。

　もちろん社会教育行政は教育行政の一環として，教育の中立性・継続性・安定性が求められることは当然のことである。このことは教育基本法第16条においても，「教育は不当な支配に服することなく，この法律および他の法律に定めるところにより行われるべき」としたうえで，「教育行政は国と地方公共団体との適切な役割分担及び相互協力の下，公正かつ適正に行われなければならない」と明示されているところである。

（2）地方社会教育行政の組織と事務

a．教育委員会制度と社会教育行政

　社会教育行政は，学校教育行政と同様に地方分権主義を原則としている。そのことは，社会教育法の規定を見ても明らかである。社会教育法第5条に規定されているように，当該地方の必要に応じ，予算の範囲内で，社会教育施設の設置・運営，各種学級・講座・集会の開催，民間団体・指導者の自発的活動を促進する上での指導・助言等を行い，地域住民の学習活動を直接的に支援するのは市町村の役割となっている。また，同法第6条で，都道府県は，市区町村を超えた広域的な観点から，同様の役割を担うこととされている。一方，国の役割として社会教育法第4条は，地方公共団体に対し予算の範囲内で財政的援助等を行うこととされており，地方公共団体が社会教育行政の主たる担い手であることを示していると考えられる。

　市町村及び都道府県で社会教育行政を担うのは，教育委員会という行政機関である。教育委員会は5名［都道府県・市・地方公共団体の組合（都道府県・市が加入するもの）にあっては6人以上，町村・地方公共団体の組合（町村の

された。改正教育基本法では，新たに教育の目標（第2条），生涯学習の理念（第3条），家庭教育（第10条），学校・家庭・地域住民等の連携・協力（第13条）などが盛り込まれた。また社会教育についても第12条で，これまでの「個人の要望」に加えて，新たに「社会の要請」にも応える必要があることが盛り込まれるなど，生涯学習・社会教育関係の規定の充実が図られた。こうした教育基本法の改正を踏まえ，2008（平成20）年6月には社会教育法，図書館法，博物館法が改正されている。

2．社会教育行政の基本的役割と組織・任務

（1）社会教育行政の基本的役割

　教育基本法第12条では，社会教育について「個人の要望や社会の要請にこたえ，社会において行われる教育は，国及び地方公共団体によって奨励されなければならない」としたうえで，社会教育行政の基本的役割として「図書館，博物館，公民館その他の社会教育施設の設置，学校の施設の利用，学習の機会及び情報の提供その他適当な方法によって社会教育の振興に努めなければならない」と規定されている。この教育基本法を受けた社会教育法の第3条では，国及び地方公共団体の任務として，「社会教育の奨励に必要な施設の設置及び運営，集会の開催，資料の作成，頒布その他の方法により，全ての国民があらゆる機会，あらゆる場所を利用して，自ら実際生活に即する文化的教養を高め得るような環境を醸成するように努めなければならない」と規定している。社会教育行政は，公民館，図書館，博物館の設置，学級・講座の実施，イベントの開催，指導者の研修などさまざまな施策を通じて，人々の自発的・自律的な学習活動を奨励・促進・支援するところに主要な任務があるといえる。また，この任務を遂行するに当たっての留意点として，社会教育法第3条において，人々の多様な学習ニーズを踏まえ，「これに適切に対応するために必要な学習機会の提供及び奨励を行うことにより，生涯学習の振興に寄与すること」，並びに社会教育が学校教育や家庭教育と密接な関係を有することを踏まえ，「学

るよう環境を整えることを規定している。その後社会教育法は，何回か改正されて現在に至っているが，基本的な枠組みは，第1章 総則，第2章 社会教育主事及び社会教育主事補，第3章 社会教育関係団体，第4章 社会教育委員，第5章 公民館，第6章 学校施設の利用，第7章 通信教育からなっており，社会教育全般にわたる内容が規定されている。

社会教育法は社会教育に関する総合法であることから，当然図書館や博物館に関する規定も含めるべきであったが，これらについては当時別途単独法の制定に向けた動きもあったことから，社会教育法では両者は「社会教育のための機関とする」とだけ明記された。その後，1950（昭和25）年に図書館法が，さらに1951（昭和26）年には博物館法が制定された。図書館法は，第1章 総則，第2章 公立図書館，第3章 私立図書館からなっており，図書や記録，その他必要な資料を収集・整理・保存して一般公衆の利用に供し，その教養，調査研究，レクリエーション等に資することを目的とする図書館の設置及び運営に関して必要な事項が規定されている。博物館法は，第1章 総則，第2章 登録，第3章 公立博物館，第4章 私立博物館，第5章 雑則からなり，さまざまな資料を収集・保管・展示して，教育的配慮のもとに一般公衆の利用に供し，その教養，調査研究，レクリエーション等に資することを目的とする博物館の設置・運営に関する必要事項が定められている。

1990（平成2）年7月，わが国で初めて生涯学習が法概念として登場する「生涯学習の振興のための施策の推進体制等の整備に関する法律（生涯学習振興法）」が成立した。この法律では，都道府県が生涯学習の振興に資するために実施する事業，都道府県が民間事業者の能力を活用して作成する「地域生涯学習振興基本構想」（あらかじめ文部科学大臣及び経済産業大臣への協議が必要）や，都道府県に生涯学習審議会を設置すること等が規定されている。

第二次世界大戦後約60年を経過し，経済の発展に加え，科学技術の進歩，情報化，国際化，少子高齢化，価値観の多様化，社会全体の規範意識の低下などわが国社会は大きな変貌をとげる。こうした社会の変化は，教育を取り巻く環境にも重大な影響を与えることとなった。このような時代の変化に対応すべく2006（平成18）年12月にわが国の教育の根本を定める教育基本法が全面的に改正

Ⅲ章　生涯学習振興行政と社会教育行政

1．生涯学習振興・社会教育行政と法制度

　1984(昭和59)年に設置された臨時教育審議会の4次にわたる答申で，わが国の教育改革の方向性として「生涯学習体系への移行」が提示されて以降，生涯学習の振興は，行政における重要な政策の柱となっている。人々の生涯学習を支援・推進する行政は，国レベルでも文部科学省をはじめ多くの省庁にまたがっているが，都道府県・市町村レベルにおいても教育委員会をはじめ首長部局のさまざまな部局課等で展開されている。ここでは，生涯学習振興行政の中核的役割を果たす社会教育行政を中心に検討を進めることとする。

　わが国における社会教育行政の萌芽は明治初年にみられる。その後社会教育に関わる制度が次第に整備されていったが，特に法的な基盤があるわけではなく，必要に応じ個別具体的な訓令・通牒などが発せられて制度が創られていった。社会教育行政が初めて法律に基づいて展開されることとなるのは第二次世界大戦以後のことである。戦後間もない1946(昭和21)年に憲法が制定されると，翌1947(昭和22)年には教育基本法・学校教育法が，さらに1948(昭和23)年には教育委員会法が制定され，学校教育に関する行政制度の整備が整うことになる。1949(昭和24)年に社会教育法が制定されると，その後図書館法，博物館法，青年学級振興法，スポーツ振興法，生涯学習の振興のための施策の推進体制等の整備に関する法律（生涯学習振興法）などが徐々に制定され，今日の生涯学習振興・社会教育行政の法的基盤が整った。

　社会教育法は，基本的に社会教育の振興のための国及び地方公共団体の任務を明らかにしたものであり，その任務として全ての国民が自主的に学習をでき

みが加入するもの）にあっては3人以上でも可]の教育委員から構成され，その事務をつかさどるのが教育委員会事務局である。事務局の長は教育長であり，その下に社会教育に関する事務を行う社会教育課，あるいは生涯学習課といった組織が置かれている。生涯学習振興法の成立により，従来の社会教育課を生涯学習課に単純に名称変更するところが多く見られたが，最近では，再び社会教育課という名称に戻す教育委員会も現れている。

b．生涯学習振興のための体制整備

　生涯学習振興のための体制整備については，1990（平成2）年に生涯学習振興法が制定され，都道府県の実現すべき事業や都道府県生涯学習審議会の設置等が示されたこともあって，以後都道府県段階での生涯学習振興のための体制整備への取組が徐々に進められていった。都道府県生涯学習審議会は，生涯学習振興法第10条において「教育委員会又は知事の諮問に応じ，当該都道府県の処理する事務に関し，生涯学習に資するための施策の総合的な推進に関する重要事項を調査審議する」こととされており，各都道府県の条例によって設置される。また，法的機関ではないが，知事や教育長のもとに生涯学習推進本部という全庁的な行政組織が整備され，生涯学習審議会の答申等を受けながら生涯学習推進に取り組む都道府県もみられた。市町村については，生涯学習振興法第11条で「生涯学習の振興に資するため，関係機関及び関係団体等との連携協力体制の整備に努めるもの」とされたことから，特に法的根拠はないが，都道府県と同様に生涯学習審議会や生涯学習推進本部等を設置するところも見受けられた。

　住民の生涯学習を振興するための施策は，教育委員会はもちろんのこと首長部局においてもさまざまな部局で取り組まれている。生涯学習振興行政の要として中核的役割を果たすことを期待されるのが社会教育行政であるが，生涯学習と社会教育の混同や，従来の社会教育課を生涯学習課等に名称変更しただけで，いわゆる縦割り行政の弊害を払拭できていない地方公共団体も多かったこともあって，その後生涯学習推進本部が解消されるなど，生涯学習振興行政として生涯学習関連施策を総合的に調整・推進する体制は，ほとんど整ってはいないのが現状である。

c．社会教育行政の職員

　都道府県及び市町村教育委員会の事務局には，事務職員のほか，社会教育主事が配置されることとなっている。社会教育主事は，教育公務員特例法において指導主事と同様に専門的教育職員として位置づけられており，社会教育を行う者に専門的技術的な助言と指導を与えることを職務としている（詳細は次節）。そのほか，社会教育の特定分野について直接住民の指導に当たる社会教育指導員も置かれている。また，社会教育施設においては，公民館には公民館主事という社会教育法で定める職員が，図書館には司書・司書補，博物館には学芸員・学芸員補というそれぞれ図書館法，博物館法に定める専門的職員が置かれるほか，青少年教育施設や女性教育施設，社会体育施設等においても，それぞれの施設の設置目的に応じた社会教育活動に関する専門的職員（指導系職員と呼ばれることがある）が配置されている。

d．社会教育行政の委員

　社会教育行政に広く住民参加を推進する制度の一つに，社会教育法第4章（第15-19条）に定める社会教育委員制度がある。社会教育委員は，社会教育に関するさまざまな計画を立案したり，教育委員会の諮問に応じて意見を述べたり，必要な研究調査を行ったりしながら，教育委員会に助言を行うことを職務内容とする。社会教育委員は任意設置となっており，その定数や任期等は，当該地方公共団体の条例で定めることとなっている。なお，社会教育法第13条で，「国又は地方公共団体が社会教育関係団体に対し補助金を交付する場合は，国にあっては文部科学大臣が審議会の，地方公共団体にあっては教育委員会が社会教育委員の会議の意見を聞かなければならない」ことになっていたため，多くの地方公共団体で社会教育委員の会議が設置されている。2008(平成20)年の社会教育法第13条の改正により，補助金交付に際しての諮問機関に関して，社会教育委員の会議が置かれていない場合には，条例で定めるところにより社会教育に係る補助金の交付に関する事項を調査審議する審議会その他の合議制の機関（生涯学習審議会などが考えられる）でも可能であると変更された。この点に関しては社会教育委員の会議の意味そのものが問われていると捉えるべきであり，改めてその役割の重要性を認識すべきものと考えられる。

社会教育委員制度と同様に，社会教育施設の管理運営について住民の意思を反映させる制度として，公民館には公民館運営審議会（社会教育法第29条-31条），公立図書館には図書館協議会（図書館法第14-16条），公立博物館には博物館協議会（博物館法第20-22条）があるが，いずれも法律上「置くことができる」と規定されており，任意設置である。

　こうした社会教育行政における各種審議会等の委員は，通常教育委員会によって委嘱・任命され，住民と行政をつなぐパイプ役として，社会教育行政の政策形成や社会教育施設の管理運営に，住民の意思を反映させる役割を担うこととなる。しかしながら現状では，委員の人選等この制度発足の目的が十分に果たされていないケースが多くみられる。特に今日，社会教育行政には，学校・家庭・地域をつなぐコーディネーターとしての役割が強く求められていることから，こうした制度の活性化への取組がますます期待されている。

e．教育委員会の行う事務

　社会教育行政の具体的な展開は，地方分権改革の推進に関する基本的理念を踏まえ，地方公共団体の自立性を高めることを基本に，国，都道府県，市町村が適切な役割分担を図りつつ実施されている。

　社会教育法第5条には市町村教育委員会の，また同法第6条には都道府県教育委員会の行う具体的な事務が規定されており，いずれも「当該地方の必要に応じ，予算の範囲内」で行うこととなっている。したがって，住民の学習要求に基づき，地域の特性や実情に応じて社会教育活動を支援・推進する社会教育行政は，地方公共団体によってその取組に当然格差が生じることとなる。

　社会教育法では，市町村教育委員会の事務として，社会教育に必要な援助，社会教育委員の委嘱，公民館，図書館・博物館・青年の家等社会教育施設の設置・管理，学校開放講座の開設・奨励，各種講座や集会等の開催・奨励，家庭教育に関する学習機会・情報の提供，児童・生徒に対する放課後の活動機会の提供・推進，青少年のボランティア活動等体験活動の機会の提供・奨励，学校支援ボランティア等社会教育における学習成果の活用機会の提供・奨励，社会教育に関する情報の収集・整理・提供，視聴覚教育・体育・レクリエーションに必要な設備・器材・資料の提供，情報の交換・調査研究などが規定されてい

る。

　また，都道府県教育委員会の事務としては，前掲の公民館の設置及び管理を除く市町村教育委員会の行う事務に加え，公民館・図書館の設置・管理に関する必要な指導・調査，社会教育を行う者の研修に必要な施設の設置・運営及び講習会の開催や資料の配布等，社会教育施設の設置・運営に必要な物資の提供・斡旋，市町村教育委員会との連絡等が規定されている。

　社会教育法の規定からも明らかなように，社会教育行政は，第一に住民と直接的な関わりを持ち，住民の社会教育活動の奨励・支援を行う市町村教育委員会の役割が重視されている。そのうえで，都道府県教育委員会には，より広域的な観点からの指導や助言，奨励等の役割を果たすことが求められている。社会の急激な変化のなかで，社会教育活動の活性化の必要性が叫ばれて久しいが，そのためにはまず市町村段階における条件整備が大前提である。今日，地方公共団体の厳しい財政状況等を踏まえ，社会教育費や社会教育関係職員の削減など社会教育行政を取り巻く状況はきわめて厳しいものがある。そのようななか，一部では社会教育の事務を首長部局に移管する地方公共団体も出現するなど，社会教育行政そのものが縮小傾向にあるところも見受けられることから，その一層の充実が強く求められる。

(3) 国の組織と役割

a. 国による社会教育奨励

　国が行うべき社会教育奨励については，前述のとおり社会教育法第3条において，その任務が規定されている。そのうえで，国の役割として，社会教育法第4条には「この法律および他の法令の定めるところにより，地方公共団体に対し，予算の範囲内において，財政的援助及び物資の提供及びそのあっせんを行う」と規定されている。

　具体的な事務としては，文部科学省の所掌事務等を定める文部科学省設置法において，社会教育に関し，生涯学習に係る機会の整備推進，社会教育の振興に関する企画・立案・援助・助言，社会教育のための補助，青少年教育施設における青少年の団体宿泊訓練，通信教育・視聴覚教育，家庭教育の支援，青少

年健全育成，社会教育関係団体・社会教育指導者に対する専門的・技術的な指導・助言などが規定されている。

b．文部科学省の生涯学習推進体制

　国による社会教育支援施策は，第二次世界大戦後すぐに復活した社会教育局を中心に展開されてきた。1988(昭和63)年7月，文部省で機構改革が行われ，従来の社会教育局を改組・拡充して，新たに生涯学習局が設置された。新しい局では，社会教育はもとより学校教育，学術，スポーツ，文化など文部省における生涯学習振興施策に関し総合的な企画・調整を行うとともに，関係省庁における生涯学習関連施策との連携協力を積極的に推進することとなり，国レベルの生涯学習振興のための体制整備が図られた。その後，2001(平成13)年1月の省庁再編が行われ，文部省は文部科学省に，生涯学習局は生涯学習政策局に再編された後，局内の組織変更を経て，政策課，生涯学習推進課，情報教育課，社会教育課，男女共同参画学習課及び参事官（連携推進・地域政策担当）が置かれている。また，文部科学省に置かれている国立教育政策研究所には，わが国における社会教育のナショナルセンターとして社会教育実践研究センターが設けられ，全国の社会教育事業等の実態調査，新たな学習プログラム開発のための調査研究，研究セミナーの開催等を行っている。その他，生涯学習振興に関連の深い機関として，独立行政法人国立青少年教育振興機構，独立行政法人国立女性教育会館，独立行政法人国立科学博物館等がある。

c．生涯学習審議会の設置と統合

　制定当時の生涯学習振興法第10条の規定により，文部省には，生涯学習審議会が設置され，生涯学習振興法及び社会教育法に定める事項に加え，学校教育，社会教育及び文化に関し生涯学習に資するための施策に関する重要事項，及び社会教育一般に関する事項，学校教育における視聴覚教育メディアの利用に関する事項について調査審議し，文部大臣（現文部科学大臣）または関係行政機関の長に建議等を行うこととされていた。生涯学習審議会の審議内容は，文部省の所管する事項が中心ではあったが，審議内容が他の省庁の所管事項にも及ぶこともあるため，必要と認めるときは，関係行政機関の長に対し，資料の提出，意見の開陳，説明その他必要な協力を求めることができることとされてい

た。そのため，審議会の幹事として関係省庁の幹部職員が文部大臣から幹事として任命されていた。

2001（平成13）年1月の省庁再編により，生涯学習審議会は中央教育審議会に統合され，新たに中央教育審議会生涯学習分科会として発足している。また，幹事についても中央教育審議会幹事として引き継がれている（中央教育審議会令第7条）。

3．社会教育施設・職員・関係団体

（1）社会教育施設

a．社会教育施設の類型と役割

社会教育施設とは，もっぱら社会教育を行うために設置された教育機関である。社会教育施設には，地域住民の学習拠点である公民館や広域的な観点から県民の生涯学習を支援・推進する生涯学習（推進）センターなどの総合的な機能を持つ施設と，図書館，博物館，青少年教育施設，女性教育施設，文化会館，社会体育施設などの専門領域を対象とする施設がある。2006（平成18）年12月の教育基本法の改正，及び2008（平成20）年6月の社会教育法の改正により，公民館，図書館，博物館，青年の家等は社会教育施設であると法律上で初めて明記された（教育基本法第12条，社会教育法第5条・第6条・第9条の4）。

社会教育施設は，施設の種類によって根拠となる法律や設置・運営の基準等が定められている。また，社会教育施設は，設置主体によって，国立，公立（都道府県立・市町村立），私立に分かれる。地教行法第30条では，「地方公共団体は，法律で定めるところにより，学校，図書館，博物館，公民館その他の教育機関を設置するほか，条例で，教育に関する専門的，技術的事項の研究又は教育関係職員の研修，保健若しくは福利厚生に関する施設その他の必要な教育機関を設置することができる」と規定されており，地方公共団体が設置する社会教育施設は教育委員会が所管することになっている（同法第32条）。なお，2003（平成15）年の地方自治法の改正に伴い指定管理者制度が導入され，公立の

社会教育施設も民間による管理運営が徐々に拡がっている。

　社会教育施設が教育機関としての役割を果たすためには，いわゆるハコモノとしての施設（設備・資料等を含む）はもちろんのこと，そこでさまざまな教育事業（たとえば公民館の学級・講座，図書館の貸し出し，博物館の展覧会など）が展開されていること，さらに施設を管理運営する職員がいることが不可欠である。

　2006（平成18）年の教育基本法の改正や2008（平成20）年の社会教育法の改正にも見られるように，社会経済等の急激な変化を背景として，社会教育施設は，人々の学習ニーズに応じた学習機会の提供だけではなく，地域課題の解決や学校・家庭・地域の連携推進など社会の要請にも対応するべく，その機能の充実が求められている。そのため，社会教育施設間の連携・協力はもちろんのこと，学校や大学等の高等教育機関，社会教育施設と同様の事業を展開している児童館，福祉センター，コミュニティーセンタ等一般行政の所管する施設，民間カルチャーセンターやNPOなどさまざまな機関等との連携・ネットワークの構築を図っていく必要がある。さらに，こうした機関等との連携・ネットワークの構築を進めるためにも，社会教育施設は運営状況についての評価に取り組むとともに，その運営状況等に関する情報を広く公表していくことが求められている。また，施設に関する地域住民等の理解を深めるためにも，社会教育施設は，ボランティアの受け入れをはじめとして，地域住民等の学習成果活用の場を積極的に提供していく必要がある。

b．公民館

　公民館は，第二次世界大戦後まもなく，わが国独自の社会教育施設として構想され，1946（昭和21）年7月の文部次官通牒「公民館の設置運営について」が全国の地方長官あてに発せられると急速にその整備が拡がっていった。その後1947（昭和22）年3月教育基本法が成立すると，公民館が社会教育のための施設として初めて法律上明記され，1949（昭和24）年6月に成立した社会教育法では条文の大半が公民館の規定に充てられるなど，社会教育の中核施設として位置づけられた。

　公民館は，市町村その他一定区域内の住民のために，実際生活に即する教育，

学術，文化に関する事業を行い，住民の教養の向上，健康の増進，情操の純化を図り，生活文化の振興，社会福祉の増進に寄与することを目的としている（社会教育法第20条）。また，その目的を達成するため，公民館が行う事業として，定期講座の開設，討論会・講習会・講演会・展示会等の開催，図書・記録・模型・資料等の整備とその利用促進，体育・レクリエーション等に関する集会の開催，各種団体・機関等との連携，住民集会等公共的利用などを実施することとされている（同法第22条）。公民館には職員として館長（必置）が置かれるほか，主事その他の職員（任意設置）を置くことができる（同法第27条）。公民館の管理運営に地域住民等の意見を反映させるための制度として，社会教育法制定当時は公民館運営審議会を置かなければならなかったが，その後規制緩和の流れの中で社会教育法が改正され，1999(平成11)年度から必置規制が廃止されて，置くことができると変更された（同法第29条）。

　公民館は，1959(昭和34)年12月に告示された「公民館の設置及び運営に関する基準」（文部省告示第98号）で地域住民の日常生活圏（小学校区または中学校区）に整備することが目指されていたこともあり，社会教育施設の中で最も数が多い［同基準は規制緩和が進められる中で2003(平成15)年6月に全面改正)］。公民館の数は，2011(平成23)年の社会教育調査によれば，全国で15,399館整備されており，同年の公立小・中学校の数31,346校（学校基本調査）の約半数となっているが，近年は市町村合併等の影響もあり，ピーク時に比べてその数は大幅に減少している。

　公民館で開催される学級・講座の数は，前掲の調査によれば2010(平成22)年度間で390,495件となっており，これを内容別にみると，趣味やけいこごとを含めた教養の向上に関するものが全体の51.6％と最も多く，次いで家庭教育・家庭生活に関するものが20.0％，体育・レクリエーションに関するものが17.5％と続いている。近年，公民館で開催される教養の向上に関する講座等の割合が減少傾向にある一方で，市民意識・社会連帯意識に関する講座等の割合はわずかではあるが増加傾向にある。地域には，住民の生涯学習を支援する施設として，コミュニティセンターや民間カルチャーセンターなど公民館と同種の事業を展開する施設・機関が整備されているが，そうした施設等との区別化を図

るためにも，公民館は，講座等の内容はもちろんのこと，参加体験型学習などの学習方法や対象者等にも配慮しながら，個人の要望だけではなく，社会の要請にもこたえるという新たな役割を果たすため，事業の一層の改善・充実に取り組んでいく必要があると考えられる。

また，公民館の2010（平成22）年度間の利用者数は2億451万6千人となっており，国民一人あたりの利用状況にすると年1.6回利用していることとなる。公民館の利用は，団体利用が89.8％と個人利用に比べて圧倒的に多いが，子ども会，青年団，婦人会など伝統的な社会教育関係団体の活動が会員数の減少などを背景として縮小傾向にある中，子育てサークルを始めとする新たなグループ等の活動拠点としての公民館利用も多くのところで見受けられるようになっている。

今日，行政改革や規制緩和が進められる中，これまで主として行政が担ってきたさまざまなサービスが縮減される傾向にある。一方で，地域では教育はもちろん，過疎化，少子高齢化，健康・医療，防災等，さまざまな課題を抱えている。そのようななか，公民館を拠点として地域住民が主体的に，地域が抱えるさまざまな課題解決に向けて，行政はもとより，自治会，社会福祉協議会，NPOや民間企業などさまざまな機関・団体と連携しながら，子どもから高齢者に至るまで地域ぐるみで新たなまちづくりに挑戦するところが現れている。そこでは，公民館がコーディネーターとして重要な役割を果たしており，学習を通した地域活性化のための新たな仕組みづくりに大きく貢献している。こうした取り組みをみると，公民館を拠点として生涯学習と地域コミュニティをつなぐ新たな仕組みづくりの支援は，今後の公民館の重要な使命の一つであると考えられる。

2008（平成20）年の社会教育法の改正により，公民館も運営状況に対する評価の実施や運営状況に関する情報の提供を行うことが求められることとなった（同法第32条，第32条の2）。前掲の社会教育調査によれば2011（平成22）年の公民館における指定管理者の導入状況は全体の8.6％と他の社会教育施設と比べて最も低い割合であるが，徐々に評価を前提とした民間による管理運営が進んでいる。また2007（平成19）年6月の地教行法の改正を受けて，法律上で教育委

員会が所管することになっている公民館の管理運営を首長部局に移管する市町村が見受けられるなど，公民館を取り巻く状況は厳しさを増している。そのような状況の下，公民館は，真に地域に求められる公民館を目指して，評価を前提とした業務改善に積極的に取り組むとともに，その成果を広く公表し，公民館設置の意義を訴えていくことが求められている。

(2) 社会教育の専門的職員

a．社会教育主事

　社会教育主事は，さまざまな社会教育の専門的職員のうちでも最も中核的な役割を担う職員である。社会教育主事は，学校教員や指導主事と同様に，教育公務員特例法において専門的教育職員と位置づけられており，研修等について配慮がされている。社会教育主事について社会教育法制定当時は規定がなく，1951(昭和26)年及び1959(昭和34)年の一部改正により，都道府県及び市町村教育委員会の事務局にその設置が義務づけられた（社会教育法第9条の2）。ただし，人口1万人未満の町村では当分の間その設置が猶予されていることから，1974(昭和49)年度から1997(平成9)年度の間，都道府県が専門性の高い社会教育主事を確保し，市町村の求めに応じて派遣する派遣社会教育主事の給与費に対する国の助成制度が設けられ，未設置市町村の解消や市町村における社会教育活動の推進に大きな成果をあげていたが，行財政改革の推進の中で助成制度は廃止された。社会教育主事の職務は，社会教育を行う者に専門的・技術的な指導と助言を与えることとされている（社会教育法第9条の3）。また，2008(平成20)年の社会教育法の一部改正により，学校が社会教育関係団体，地域住民等の協力を得て教育活動を行う場合には，学校の求めに応じて社会教育主事が助言できることとなった。社会教育を行う者とは，学習者である一般住民をさすという考え方もあるが，社会教育施設職員，社会教育関係団体指導者等と考えるのが実際的である。

　また，社会教育主事の専門性については長い間議論されているが，2008(平成20)年2月の中央教育審議会答申「新しい時代を切り拓く生涯学習の振興方策について～知の循環型社会の構築を目指して～」では，社会教育主事の役割

として，地域の学習課題やニーズの把握・分析，企画立案や企画の運営を通じた地域における仕組みづくり，関係者・関係機関との広域的な連絡・調整，地域人材の確保・育成，情報収集・提供，相談・助言等を挙げている。さらに，今後は地域における生涯学習・社会教育を推進するに当たり，社会教育関係者や地域人材等の連携のための調整を行い，関係者の具体的活動を触発するコーディネーターの役割を期待している。

　社会教育主事の資格については社会教育法第9条の4に規定されているが，大きく分けて大学で必要な単位を修得する方法と社会教育主事講習を受講する方法との二通りある。社会教育主事講習は，「文部科学大臣の委嘱を受けた大学又はその他の教育機関が行う」こととされている（社会教育法第9条の5）。大学での講習は，全国の国立大学において，夏季に約40日間程度の期間で集中的に開講されるところがほとんどであるが，最近では年間を通して土曜日・日曜日などに開講する大学も見受けられ，安易な講習の在り方に対する問題を指摘する声もある。「その他の教育機関」としては，国立教育政策研究所社会教育実践研究センターが委嘱を受け，専門性の高い講習を年2回実施しており，その成果の普及・活用が一層期待されているところである。なお，大学で必要な科目の単位を修得した者には，1年以上の社会教育主事補の経験を経たうえで，社会教育主事の資格が認められる。社会教育主事補については資格要件がなく，任意設置の職員であり（社会教育法第9条の2），未設置の地方公共団体も多いことから，大学での社会教育主事養成そのものの意味が薄れているという指摘もある。

b．社会教育施設の職員

　社会教育施設には一般の事務職員の他，公民館主事，司書・司書補，学芸員・学芸員補等の職員が置かれる。司書・司書補，学芸員については図書館法及び博物館法にそれぞれ資格要件が定められている。公民館主事は「館長の命を受け，公民館の事業の実施にあたる」職員で，館長と異なり任意設置である（社会教育法第27条）。公民館主事については特に法律上資格要件の規定はないが，「公民館の設置及び運営に関する基準」〔（2003（平成15）年6月15日文部科学省告示第112号〕において，「社会教育に関する識見と経験を有し，事業に関

する専門的な知識及び技術を有するものをもって充てるよう努めるものとする」とされている。司書・司書補は「図書館に置かれる専門的職員」であり，「図書館の専門的業務に従事する」(図書館法第4条)。また，学芸員は，博物館に置かれる専門的職員で，博物館資料の収集，保管，展示及び調査研究等の専門的事項を担当する(博物館法第4条)。そのほか，公立の青少年教育施設や女性教育施設，社会体育施設等においても，地方公共団体の条例によって専門的職員(指導系職員と呼ばれることがある)が置かれている。

社会教育施設の職員は，地域住民の生涯学習の直接的な支援をその職務としており，多様化，高度化する地域住民の学習ニーズに対応して，その果たすべき役割に対する期待はますます高まってきている。しかしながら，適正な数の配置や資質向上への取組は現状では必ずしも十分とはいえず，今後の充実への取組が期待されている。

(3) 社会教育関係団体

社会教育は，本来自発性，自主性を基本とするものであり，民間における社会教育活動の意味は大きい。わが国における社会教育の歴史をみても，民間の団体による社会教育活動は極めて重要な役割を果たしてきた。ただし，社会教育関係団体と国・地方公共団体との関係には種々の変遷があった。第二次世界大戦中，青年団や地域婦人会等は強力な官制団体として統合された経緯もあり，戦後制定された社会教育法では社会教育関係団体に対して権力による統制的支配，干渉を排し，団体活動の自由を保障しようとした。社会教育法第10条において社会教育関団体とは，「法人であると否とは問わず，公の支配に属しない団体で社会教育に関する事業を行うことを主たる目的とするものをいう。」と定義されている。ここでいう「公の支配に属しない」とは，憲法第89条の解釈にならい，国または地方公共団体が当該団体の組織，人事，事業，財政等について決定的支配権を持たないことをいうとされている。

社会教育関係団体と国・地方公共団体との関係は，社会教育法第11条で，「文部科学大臣及び教育委員会は，社会教育関係団体の求めに応じ，これに対し，社会教育に関する専門的技術的指導又は助言を与えることができる」とさ

れ,「社会教育に関する事業に必要な物資の確保につき援助を行う」こととなっている。また,社会教育法第12条では,「国及び地方公共団体は,社会教育関係団体に対し,いかなる方法によっても,不当に統制的支配を及ぼし,またはその事業に干渉を加えてはならない」と規定されており,社会教育関係団体の自主性・自発性が確保されるよう,行政は「求めに応じた指導・助言」という間接的な条件整備に限定されていることに留意すべきである。特に,1959(昭和34)年の改正以前の社会教育法第13条では,団体活動の干渉も支持もしないという姿勢を明らかにするべく,「国及び地方公共団体は,社会教育関係団体に対し補助金を与えてはならない」とまで厳しく規定されていた。いわゆるノーサポート・ノーコントロールの原則である。その後,社会教育関係団体の自主性も確立し,活動も活発化したこともあり,団体に対する支援を望む声も大きくなっていったことから,1959(昭和34)年社会教育法第13条は改正されて,社会教育関係団体に対する補助金支出の禁止が解除され,憲法89条の規定に抵触しない事業については補助金の支出が可能となった。なお,団体に対する行政当局の干渉を防ぐため,社会教育法第13条の規定により補助金交付に当たっては,あらかじめ国にあっては文部大臣が審議会の,地方公共団体にあっては教育委員会が社会教育委員の会議の意見を聴くことが義務づけられた。補助金が支出できるのは憲法89条に該当する教育の事業以外の教育の事業である。この点に関しては,1959(昭和34)年4月30日の文部省社会教育局長通達「社会教育法等の一部を改正する法律及び同法施行令等の一部を改正する政令等の施行について」(文社社第283号都道府県教育委員会あて)で「教育の事業とは人の精神的又は肉体的な育成を目指して教育する者が教育される者を教え導いて計画的に目標の達成を図る事業であると解されているが,社会教育関係団体の行う事業は,かかる教育の事業のみに限られず,広くスポーツ,芸能,文化その他の領域にもわたるのであって,社会教育関係団体の行うこれらの教育事業以外の事業については,これに対して国及び地方公共団体が補助金を支出することは,何等憲法89条の禁止するところではないと考えられる」としている。さらに,同年12月9日の社会教育審議会答申「社会教育関係団体の助成について」では,「補助事業の範囲」として,図書等の資料の収集・作成・提供,社

会教育の普及・向上・奨励のための援助・助言，団体間の連絡調整，機関誌の発行，体育・レクリエーション等の催しの開催，研究調査，社会教育施設の整備等の具体的な事業を挙げている。行政による補助金の支出に関しては，社会教育関係団体に対する統制支配につながるとして反対する意見もあるが，条件整備・環境醸成という原則が確保されたうえでの支援は，今日課題となっている社会教育関係団体の活性化を図るためにも奨励されるべきであろう。そうした点からも，改めて社会教育委員の会議の役割の重要性を認識すべきものと考えられる。

4．生涯学習振興行政と社会教育行政の位置

　前述したとおり，今日人々の学習活動は多様な形で展開されており，生涯学習支援に関わる行政も，社会教育行政はもちろんのこと他の幅広い行政分野に及んでいる。さまざまな行政分野がそれぞれの目的を達成するため，広く市民に対し啓発，普及，教育等の事業を実施することは，生涯学習推進を図るうえでもきわめて意義深い。文教行政においても，社会教育行政はもちろんのこと，学校教育，科学技術，スポーツ，文化など幅広い分野で生涯学習の振興施策が展開されている。また，ほかの関連行政の施策を見ても，たとえば総務行政による青少年育成，男女共同参画，食育，少子高齢社会対策，交通安全，地域づくり，ICT 利活用等の事業，法務行政による人権啓発・教育等の事業，厚生労働行政による健康・生きがいづくり，キャリア形成等の事業，経済産業行政によるエネルギー，ものづくり，グローバル人材育成等の事業，国土交通行政による防災，インフラ整備，まちづくり，観光等の事業，環境行政による環境学習・教育等の事業をはじめとして多くの行政分野で生涯学習振興施策が展開されている。

　こうした施策の中では表面的には社会教育行政と同様の事業が展開されていたり，また社会教育施設と類似の施設も多数設置されている状況にある。こうした状況を踏まえると，今後の社会教育行政の意味はどこにあるのであろうか。社会教育行政の特徴は，人々の自発性，自主性を基本として，指導・助言，あ

るいは条件整備・環境醸成を行うものであるという点にある。すなわち，教育行政は教育・学習そのものが目的であり，人づくりを目標とする点が，課題解決のための対策としての一般行政と異なるところである。

　1998(平成10)年の生涯学習審議会答申「社会の変化に対応した今後の社会教育行政の在り方について」において，今後の社会教育行政の重要な課題として「ネットワーク型行政の推進」を挙げ，「社会教育行政は生涯学習振興行政の中核として，積極的に連携・ネットワーク化に努めていかなければならない」と提言した。すなわち，社会教育行政は，生涯学習振興行政の要として多様化・高度化する人々の学習要求を総合的に支援していく調整役としての役割を期待されたのである。

　しかしながら，現実には社会教育行政がこうした期待に必ずしも応えられていないこともあって，2013(平成25)年1月，中央教育審議会生涯学習分科会が公表した「第6期中央教育審議会生涯学習分科会における議論の整理」の中で，改めて今後の社会教育行政の取組の方向性として，ネットワーク型行政の推進を確実に実施していくことを強く求めている。

　国や地方公共団体の厳しい財政状況を反映して，社会教育行政を取り巻く状況はますます厳しさを増している。一方で，社会のさまざま変化を背景として，活力あるコミュニティの形成をはじめとして社会教育行政が取り組むべき課題は山積しており，地域や社会の課題解決のためにはさまざまな機関・団体等との連携は社会教育行政とっても不可欠である。生涯学習社会の実現に向け，社会教育行政の持つ独自の原理・原則を確保しながら，社会教育行政を中核とするネットワーク型行政の在り方が，さまざまな実践等を通して検討されるべきである。

Ⅳ章　生涯学習の学習課題・学習者

1．生涯学習の学習課題

　今日，学習課題という用語は，学習者が何を学ぶべきかを課題群として整理し示したもの，あるいは学習者が取り組むべき学習の方向を示すものという意味で使われている。

　個人の生きがい，健康，就職，仲間づくり，まちづくりなど，学習主体や学習の達成目標が異なれば学習課題もおのずと異なるものとなる。したがって，学習課題を設定する際には「誰が，何のために，その内容の学習を，誰に求めているのか」が重要な観点として問われることになる。また，学習課題は学習上の目的が学習者やプログラム作成者によってどの程度達成されたかを測定評価する場合の基準にもなるため，社会教育計画や生涯学習推進計画の立案に際して非常に重要な意味を持つものといえる。

　このように学習課題は，これを学べば学習者が皆こぞって理想的な人間になれるというような普遍的で固定的な課題ではなく，学習者に応じて学習者の生活する地域や時代に応じて考えられ，かつ状況に応じて更新されていくものなのである。

（1）学習者から見た学習関心・要求課題

　生涯学習の推進には，学習を通じた人間の生涯にわたる成長・発達，自己実現の達成を支援するという教育的意義がある。その意味でも社会教育や生涯学習の行政的支援は，学習者自身の主体性を尊重し学習者のニーズに応えるものでなければならない。そこで学習課題の設定に際しては，まず学習者が学習に

対していかなる顕在的あるいは潜在的学習ニーズを持っているかを十分に把握することが求められる。

　一般的に人間の学習行動が生起する際の，学習者の内部にある個人的要因を「学習関心」と呼び，これには顕在化された関心と潜在的な関心とがあるとされる。また，人々が自分の暮らしの中で発見した興味・関心に従い，学習への明確な動機づけとなっている顕在的なテーマ・関心を要求課題という。さらに，「人々の学習を深いレベルで動機づけ，学習行動への誘因となる欲求」を「学習ニーズ」という。学習ニーズは，一般的に「学習要求」と同義に用いられるが，これは単に「〇〇を学びたい」という個人の顕在化された「要求としての学習ニーズ」を指すだけでなく，「〇〇を学ぶ必要がある」といった社会的な要請として表される「必要としての学習ニーズ」も含んだ概念である。言い換えれば，学習者自身が持っている学習要求と，学習者がその必要を意識するとしないとに拘わらず人が社会生活や職業生活を営む上で学習する事が必要とされる課題の二つの要素が学習ニーズを構成するといえる。

　人々の学習関心や要求課題，また学習ニーズは調査によって把握されることが多い。規模はいろいろであるが，全国的な調査から地方自治体による調査，あるいは民間の教育文化産業によるマーケティングを目的とした学習ニーズ調査など，さまざまな主体によってそれぞれの目的に照らした調査が実施されている。地方自治体の実施する生涯学習に関する住民の意識調査のほかにも，1982（昭和57）年から1998（平成10）年まで5回にわたってNHK放送文化研究所が継続的に日本人の学習関心についてデータを収集した学習関心調査「日本人の学習」がある。同調査は一貫して「学習関心調査」と銘打って実施されたが，同調査の結果をみると人々の学習関心はきわめて多岐にわたり，細分化された学習要求はそれぞれ1〜5％程度の比率からなっている。このように細分化された学習要求を累積し，大きな領域に分類すれば分類項目ごとにそれなりの割合にまとめることができるが，このことは個々の学習者の学習要求をどのように分類するかによって学習者のニーズ（需要）の内容も大きく変わることを意味している。

　国レベルでは内閣府が「生涯学習に関する世論調査」を数年おきに実施して

いる。平成20年度調査[1]（20歳以上の成人3,000人に個別面接調査実施，有効回答1,837）では，生涯学習を「してみたいと思う」とする者は全体の70.5％であり，彼らにその理由を尋ねたところ「興味があり，趣味を広げ豊かにする」が最も高く，「健康・体力づくり」「他の人との親睦を深めたり，友人を得る」「教養を高める」が続いている。年齢別にみると，60代，70代では「健康・体力づくり」「他の人との親睦を深めたり，友人を得る」「老後の人生を有意義にする」「自由時間を有効に活用する」が高い一方で，20歳代から40歳代では「教養を高める」の割合が高く，20歳代の「現在の仕事や将来の就職・転職に役立てるため」という理由は他の年代と比較して突出している。さらに，「してみたい学習」については，男女共に「健康・スポーツ」，「趣味的なもの（音楽，美術，華道，舞踊，書道など）」の関心が高く，この他に女性では「家庭生活に役立つ技能（料理，洋裁，和裁，編み物など）」，男性では「教養的なもの（文学，歴史，科学，語学，社会問題など）」「パソコン・インターネットに関すること」が上位を占め男女で若干の違いが認められる。

　調査結果が示すように，もはや学習は人間が一人前の成人になるためだけに行われるものではなく，学習は人がその生涯を通じてよりよく生きていくための自発的で主体的行為と位置づけられるものといえる。人々の「してみたい学習」の内容や理由が年齢や性別などによって異なることからも，その時々の状況に適した学習を欲し選択している人々の姿が窺える。

　年齢と共に人は身体的，心理的に，またその社会的役割も変化するが，これに伴い人は自らの内側からさまざまな欲求（内的欲求）を生じさせる。個人の生物学的・心理的・社会文化的な側面から生じる内的欲求を人が学習という行為や機会を通じてどこかで充足させたいと意識した時に，それは顕在化された学習関心や学習ニーズという形で表出される。しかし，行政などがプログラミングする学習機会では学習課題に学習者一人ひとりの特殊なニーズ，期待，希望を反映するわけにはいかない。そこで何らかの規範にもとづいた選択が必要となるのである。行政が行う社会教育や生涯学習推進であれば，公的な責任と

1：内閣府「生涯学習に関する世論調査」2008(平成20)年7月実施。

役割を担う機関としての視点から人々の多様な学習ニーズは優先順位もって選ばれ整理されなければならない。

したがって，学習支援者の役割は人々の学習に対する顕在化された要求の把握に終始せず，社会的要請という観点に立つ学習者の潜在的ニーズについても気づきを与えることに求められるといえよう。また，それらに合致した学習機会を提供する事が重要な役割であるといえる。

2．社会教育行政が対応する学習課題

(1) 必要課題と要求課題

一般に教育の機能には個人的機能と社会的機能の二面があるといわれる。教育の機能を個人の発達や自己実現を助ける営みであるとする考え方と，他方，教育は国家や社会を維持・発展させるために，必要とする人材を育成するための機能であるとする考え方である。前者は教育とは学習者である個人に奉仕するもの，すなわち人格の完成，能力の獲得，個性の実現を支援する「個人（中心）的教育観」によるものであり，後者は，教育は文化や社会の存続と発展の手段であるという「社会（中心）的教育観」によるものである[2]。

したがって，行政が行う社会教育や生涯学習支援では，学習課題は個人の学習ニーズを十分に踏まえることを前提としながらも，個人のニーズを超えたところに源泉をもつ公共的課題・社会的課題・時代的課題など，社会の側から捉えられ要請された学習上の課題を整理・選択・統合し，教育の社会的機能の観点を併せ持つ学習課題として設定することが重要となる。

2006(平成18)年に改正された教育基本法第12条（社会教育）には「個人の要望や社会の要請にこたえ，社会において行われる教育は，国及び地方公共団体によって奨励されなければならない」とあり，社会教育は個人の要望だけではなく社会の要請にもこたえて行われる教育であることが明記された。また，

2：宮坂広作『生涯学習と自己形成』明石書店，2010，p.133.

2008(平成20)年の中央教育審議会答申「新しい時代を切り拓く生涯学習の振興方策について」でも生涯学習を振興していく上での基本的考え方として「個人の要望」と「社会の要請」のバランスを確保すること，「生きがい・教養」だけでなく「職業的知識・技術」を習得する学習の強化が論じられた。同答申では今後の生涯学習の振興方策において重視すべき点として「公共性」が掲げられ，住民が学校・社会教育施設・企業・NPO等の民間団体等との協働を通じて自主的に社会の課題解決に取り組む学習への支援が打ち出された。さらにこの中で，従来の生涯学習の推進施策について学習者のニーズのみが先行して取り上げられ，公共的課題・社会的課題・時代的課題がないがしろにされてきたことが指摘された。新たに示された国の生涯学習振興の方針では，行政によって行われる社会教育や生涯学習支援について個人のニーズに応えるだけでなく，公共的課題・社会的課題・時代的課題といった社会的機能をよりいっそう重視した学習機会の提供が求められた。

　一般に学習課題設定の理論的枠組では，学習者の学習要求から抽出された課題である「要求課題」という用語に対して，学習者の要求として自覚されないが教育目的や目標に照らし学習する必要性のある課題を「必要課題」と呼び，従来よりこれらの用語が広く用いられてきた。また，要求課題が学習者の個人的要求に基づいているのに対し，必要課題は学習者が属する（あるいは属するであろう）社会の要請に基づいていると説明され，前者が個人的・私的であるのに対し，後者は社会的・公的であるとされた。社会教育はもとより強制力を持たず，学習者・参加者の自発性に待つものであるため要求課題に重きが置かれがちであるが，社会教育は学習者の潜在的な学習ニーズを発展させることにより必要課題を要求課題に結びつけることを可能にする営みであるとして，学習者の要求から発した関心を「必要課題」へと結びつける支援が重要であるとされた。これにより，行政が行う社会教育は社会の要請に基づく必要課題を取り上げて学習事業を展開することにその存在理由が見出されるとされている[3]。

　必要課題は，時間・歴史・時代の流れ，あるいは人々が生活・行動し，存在

3：新堀通也『公的社会教育と生涯学習』全日本社会教育連合会，1988，pp.70-71.

する場・空間という観点から抽出されることが多い。たとえば，人の生涯を時間の流れとの関連で見ていけば，生まれてから死に至るまでの人の生涯発達のプロセスや次世代をも視野に入れたライフサイクルの視点から，その時々に解決や達成がされなければならない課題が導き出される。また，個人が生きている時の流れを個人の生活の場，個人が存在する空間（たとえば，家庭，学校，職場，地域社会，国家，地球など）とクロスさせることで，個々人が営む生活の場面（スペース）から解決が迫られる生活上の課題が導き出されることになる。同様に，社会の情勢を，時間（時代，歴史）や，空間（地域・国家・地球など）の視点から分析することにより現代的課題（時代的課題）や地域課題などの必要課題を抽出することも可能となる。

（2）社会教育行政による学習課題の設定

　社会教育や生涯学習支援に携わる行政職員が住民の学習活動の機会を提供したり，地域住民のリーダーが学習の機会をつくろうとした場合，常に配慮されなければならないことは，人々がどのような学習への関心や要求を持ち，またどのようなことを学ぶべきかという問題である。つまり，学習要求と必要課題の双方の把握が重要な仕事となる。

　県や市町村で提供される社会教育・生涯学習推進行政の事業計画策定は，調査などの科学的手法を用いて住民の学習ニーズを把握すること，また地域の現状分析（観察）や従来の教育事業の評価から当該地域住民の必要課題を発見・分析することから出発する。そして，そこに示された多くの課題群の中から，当該地域の総合計画や教育振興基本計画等に盛り込まれた行政目的や教育の目的・目標，生涯学習の理念に照らし，特定の基準や枠組みにしたがって住民の学習要求や必要課題に優先順位をつけ，それを当該地域住民の学習課題として把握する。さらに，これらの学習課題についての学習方法を決定し，学習活動を実践へとつなげる方法が一般的に採られている。しかし，実際には社会教育主事などの専門職員が住民の動向や自らの経験に基づいて事業を具体化する企画書を作成する場合や，好ましくないことではあるが社会教育や生涯学習推進行政の研修を受けていない行政スタッフが事業計画を立て，組織内での了解を

得て，予算・人員・教材などを準備し事業を展開しているケースも実在する。
　また，従来の文部省・文部科学省や都道府県が行ってきた市町村のモデル事業に見られるように，現状の分析から導かれた学習課題によらず，将来的な動向を予見すべく社会科学上の実験モデルとして全く前例のない新しい学習課題を設定した事業モデルの導入が行われる場合もあれば，従来の成功例にしたがって事業モデルの導入（及び学習課題）が上部組織から補助金を伴う形で提示され，市町村がそれを受けて事業を展開していく場合もある。

（3）学習課題設定の視点

　学習課題とは，個人が望むままに自由に学習したいと考えたり自覚して抱いている（自らに課している）関心や要求，すなわち「自発性」の概念と，社会の側から個人に適応するように課してくる社会的圧力を伴う「要求・期待」の概念からなる必要課題との接点にあるものであるから，学習課題は個人の自由と社会への適応の二面性を持っているといってよい。学習課題は個人がそれを達成することで，社会の構成員としての要請に応えつつ自己を発現させることができる人間に成長するという二つの機能を果たすことを目指して設定されるものなのである。必要課題を導く手懸りとしては，発達課題，地域課題，現代的課題と呼ばれるものがある。

a．発達課題

　アメリカの教育社会学者ハヴィガースト（Havighurst, R. J.）は『人間の発達課題と教育（*Human Development and Education*, 1953)』の中で発達課題を次のように定義した。「……人生における発達課題はわれわれの社会において健康にしてかつ満足できる成長を遂げるためのものである。これらの課題は人々が一般的な意味で幸せでありかつ立派に生活していると人にも思われ，自分でもそう判断できるようになるためには必ず達成しなければならないものである。発達課題というのは個人の生活のある特定の時期に登場し，それらの課題をうまく達成できれば後の段階での課題をも成功裡に遂行できるようになるが，現在の課題達成に失敗するとそれが個人の不幸や社会による不承認あるい

は後の段階での課題遂行の困難性の増大につながっていくのである」と[4]。

　彼は生物学的基礎,心理学的基礎,社会・文化的基礎に基づいて胎児期から高齢期まで各時期の発達課題を設定した。また発達課題の概念は課題達成の適時性を示すものとして,且つ教育の目的をより明確にする上で役立つと論じた。

　フロイトの流れを汲む心理学者のエリクソン（Erikson, E. H.）の自我の発達論『幼児期と社会（*Childhood and Society*, 1950)』は,幼児期から高齢期までの人間の全生涯を展望した発達理論である[5]。エリクソンは幼児期から高齢期に至るまでの人間の生涯を8段階に区分し,それぞれの段階は新たなる自我の拡張と確立に向かうか,それとも自我の危機に陥るかの選択の過程であると説き,各発達段階における社会心理的発達課題を設定した。彼の自我の発達論には,個人の成長にかかわる成熟,人生経験の蓄積,及び個人が生活している社会制度の三要素が包含されている。各発達段階における自我発達上の危機を乗り越え得るか否かが,つぎの発達段階のパーソナリティーの発達を決定し,それが社会的・心理的適応の成否に大きく影響を及ぼし本人による自己評価・自己イメージを決定していくとした。

　1965年に提出された生涯教育の理念が移入された直後の日本の社会教育施策は,この発達課題論に依拠して展開された。そこでは,学習者は,年齢やライフステージといった特性によって一括りにされ,さまざまな形での学習課題が例示された。先述のとおり発達課題論を展開したハヴィガーストは,その課題が普遍性を持つとしたが,今日では彼の設定した発達課題には1950年代のアメリカの所謂 WASP（White Anglo-Saxons Protestant）という中産階級に属したハヴィガースト自身の地域,時代,社会,当時の性役割分業観が色濃く反映されており,個人の生き方が多様化している今日の社会に生きる人間について彼の提唱した発達課題をもってそのまま学習課題とすることはできないとの指摘もある。

4：ロバート・J・ハヴィガースト著,庄司雅子共訳『人間の発達課題と教育』玉川大学出版部, 1995.
5：E・H・エリクソン著,仁科弥生訳『幼児期と社会』みすず書房, 1977.

Ⅳ-1表　ハヴィガーストの発達課題

発達段階	発達課題
幼児期 （6歳くらいまで）	1．歩行の学習 2．固形の食物をとることの学習 3．話すことの学習 4．排泄の仕方を学ぶこと 5．性の相違を知り性に対する慎みを学ぶこと 6．生理的安定を得ること 7．社会や事物についての単純な概念を形成すること 8．両親や兄弟姉妹や他人と情緒的に結びつくこと 9．善悪を区別することの学習と良心を発達させること
児童期 （6歳〜12歳）	1．普通の遊戯に必要な身体的技能の学習 2．成長する生活体としての自己に対する健全な態度を養うこと 3．友だちと仲よくすること 4．男子として，また女子としての社会的役割を学ぶこと 5．読み・書き・計算の基礎的能力を発達させること 6．日常生活に必要な概念を発達させること 7．良心・道徳性・価値判断の尺度を発達させること 8．人格の独立性を達成すること 9．社会の諸機関や諸集団に対する社会的態度を発達させること
青年期 （12歳〜18歳）	1．同年齢の男女との洗練された新しい交際を学ぶこと 2．男性として，また女性としての社会的役割を学ぶこと 3．自分の身体の構造を理解し，身体を有効に使うこと 4．両親や他の大人から情緒的に独立すること 5．経済的な独立について自信をもつこと 6．職業を選択し準備すること 7．結婚と家庭生活の準備をすること 8．市民として必要な知識と態度を発達させること 9．社会的に責任のある行動を求め，そしてそれをなしとげること 10．行動の指針としての価値や倫理の体系を学ぶこと
壮年初期 （18歳〜30歳）	1．配偶者を選ぶこと 2．配偶者との生活を学ぶこと 3．第一子を家族に加えること 4．子供を育てること 5．家庭を管理すること 6．職業に就くこと 7．市民的責任を負うこと 8．適した社会集団を見つけること
中年期 （30歳〜60歳）	1．大人としての市民的・社会的責任を達成すること 2．一定の経済的生活水準を築き，それを維持すること 3．10代の子供たちが信頼できる幸福な大人になれるよう助けること 4．大人の余暇生活を充実すること 5．自分と配偶者とが人間として結びつくこと 6．中年期の生理的変化を受け入れ，それに適応すること 7．年老いた両親に適応すること
老年期 （60代以降）	1．肉体的な力と健康の衰退に適応すること 2．隠退と収入の減少に適応すること 3．配偶者の死に適応すること 4．自分の年ごろの人々と明るい親密な関係を結ぶこと 5．社会的・市民的義務を引き受けること 6．肉体的な生活を満足におくれるように準備すること

（R. J. ハヴィガースト著，荘司雅子監訳『人間の発達課題と教育』玉川大学出版部，1995，p.30-284より作成）

2．社会教育行政が対応する学習課題

C．社会的態度の発達→	敬虔な態度	分別ある態度	道徳的態度	技術的態度	思想的態度	対人各的態度	生産的態度	哲学的態度
Ⅷ 円熟期								知　恵 自我の統合 絶　望
Ⅶ 成人中期							慈　育 生殖性 停　滞	
Ⅵ 成人前期						愛 親密さ 孤　独		
Ⅴ 思春－青年期（就学期）					忠　誠 同一性 役割混乱			
Ⅳ 潜伏期				能　力 勤　勉 劣等感				
Ⅲ 移動－性器期（幼児期）			目　的 自発性 罪悪感					
Ⅱ 筋肉－肛門期		意　志 自　律 恥と疑惑						
Ⅰ 口唇期－乳児期	希　望 基本的信頼 不信							
B．対他人関係の発達→	信頼できる母性的環境	分別のある養育者	模範的な基礎家族	教える成人仲間の友人	堅信的成人支援の友人	共に自覚を求める配偶者，同伴者	子孫繁栄と生産活動の能力	統合的遺産を要求する諸世代

（A．人間生涯の諸段階（生理的，性的，認知的，心理・社会的））

Ⅳ-1図　エリクソンによる人間の発達段階と徳
（堀薫夫『生涯発達と生涯学習』ミネルヴァ書房，2010，p.33より）

b．地域課題

　地域課題とは文字どおり地域に根ざした解決を要する諸課題のことである。今日では，「新しい公共」[6]の概念のもと，居住空間と生活利害を共有する地域住民と行政とによる地域課題の解決が求められている。

　歴史を振り返れば，高度経済成長の只中にわが国で公害問題が深刻な社会問題として浮上した折，大学の研究者と被害住民が共に学習会を催して公害被害の実態検証及び汚染物質の究明に立ち上がり，住民運動は最終的に企業活動を

6：「新しい公共」とは，行政が公共サービスを提供し，市民は受け手であるという関係から，市民も公共サービスの担い手となるべきであるという考え方。

誘致した行政をも味方につけ公害をもたらした地元企業にその責任を認めさせた事実もある。また，1997年ドイツのハンブルグで開催されたユネスコ第5回成人教育国際会議でも，ハンブルグ宣言として「人々と地域社会の自立性と責任を発展させること……，人々と地域社会が自らの運命および社会をコントロールできる能力を身につけ，前途に立ちはだかる諸問題に挑戦できるようにすること」[7]と地域が直面する課題を解決するための学習が，生涯学習としての青少年・成人の教育の目的として打ち出された。わが国で生涯学習支援の観点からもまちづくりが語られるようになった契機として，臨時教育審議会答申第3次答申（1987(昭和62)年4月）をあげることができる。同答申は「生涯学習にふさわしい本格的な学習基盤を形成し，地域特性を生かした魅力ある活力ある地域づくりを進める必要がある。このため，各人の自発的な意思により，自己の適した手段・方法を自らの責任で選択するという生涯学習の基本を踏まえつつ，地方が主体性を発揮しながら，まち全体で生涯学習に取り組む体制を全国的に整えていく」と記している。この答申により自治行政や国土開発行政などの都市計画の分野で検討されてきた「まちづくり」の概念と生涯学習推進とが結びつき，生涯学習を進めるまちづくり，生涯学習によるまちづくりが全国で展開されるに至ったのである。また同年1987(昭和62)年に制定された第4次全国総合開発計画でも，長寿社会において生活を充実させる主要施策の一環として生涯学習振興を通じた地域の教育機会の充実，文化環境の向上が重視されるようになった。

　1990(平成2)年6月，わが国の生涯学習振興の枠組みを規定した生涯学習の振興のための施策の推進体制等の整備に関する法律（生涯学習振興法）が制定されたが，同法第3条3項においても「地域の実情に即した学習方法の開発を行うこと」が都道府県の教育委員会の生涯学習振興事業として規定され，1999(平成11)年6月の生涯学習審議会答申「学習の成果を幅広く生かす」においても，「地域社会でのさまざまな課題を解決するためには，国や地方の行政に依存するばかりでは効果的できめ細やかな対応は難しい。住民の一人一人が，そ

7："CONFINTEA, V.; The Hanburg Declaration on Adult Learning". UNESCO. http://www.unesco.org/education/uie/confintea, （参照2013-07-25）.

れぞれのニーズに応じて，問題解決を目指して学習し，積極的に地域社会に関わっていく姿勢を持つことが必要になっている。」との指摘が行われた。

このように，今日では生涯学習の課題として個人の自己実現としての学習とともに，人々が学んだ成果を社会に還元していくことが繰り返し提起されている。昨今の「新しい公共」に象徴されるように，地域の抱える課題をすべて行政主導で解決するのではなく，生涯学習の機会を通じて地域住民自らが地域の中にある諸課題を発見し，地域住民が学習の成果をもって主体的に解決に向け行動することが求められている。また，近年では，現代的課題ともいうべき少子高齢化社会に伴う子育て支援や高齢者の孤立防止策も，地域社会の中で行政と地域住民とが協働して取り組むべき喫緊の課題として浮上している。地域課題の解決といった視点からも人と人とが学び，つながり，共に支え合うというソーシャルキャピタルを生み出す拠点としての公民館活動の教育的意義が見直され，公民館の機能に新たな期待が寄せられている。

c．現代的課題

今日の社会の急激な変化は，新たな学習課題をもたらした。社会の急激な変化に対応し人間性豊かな生活を営むために，人々が学習する必要があるとされる課題は「現代的課題」と呼ばれることもある。これは臨時教育審議会（1984-1987（昭和59-62）年）の数次にわたる答申や中央教育審議会答申「生涯学習の基盤整備について」（1990（平成2）年）を受け，当面の間重点的に対応すべき生涯学習振興方策について審議を行った生涯学習審議会が，1992（平成4）年の答申「今後の社会の動向に対応した生涯学習の振興方策について」の中で示した考え方である。同答申では「急激な社会の変化に伴い，時代の要請する行動様式，価値観が従来と大きく変化し，従来の考え方では，現実の事態に対応しにくくなっている」ことから，人々が充実した社会生活を営んでいくために，自ら進んで学び，身に付けることが望ましい現代的課題が，数多く生じてきている」という認識を示した上で，当時の社会における例として19の課題を挙げた。「生命，健康，人権，豊かな人間性，家庭・家族，消費者問題，地域の連帯，まちづくり，交通問題，高齢化社会，男女共同参画型社会，科学技術，情報の活用，知的所有権，国際理解，国際貢献・開発援助，人口・食糧，環境，

資源・エネルギー」がそれであるが，「現代的課題」と称され提示されたこれらの課題は，言いかえれば社会的課題・公共的課題というべきものである。

　また，先の答申では現代的課題群の中から学習課題となるものを選択する場合には，心豊かな人間の形成に資することを基本に，その課題が社会的観点からどれだけ広がりがあるか（社会性・公共性），どれだけその学習が時代の要請に即応しているか（現代性），緊急性を要するものであるか（緊急性）などの観点から選定されることが重要であるとしている。生涯学習社会の構築に向けて，個々人の自発的意思を反映した学習の支援が重要であるのはいうまでもないが，社会の成員として人が学習する必要のある課題としての現代的課題を明確にし，行政がそれらを生涯学習機会提供事業の中で重点的に取り上げるべきことを説いた意義は大きいといえるだろう。

3．学習者の特性と学習

（1）青少年期の特性と学習

　社会教育法（第2条，社会教育の定義）では，社会教育の対象として青少年と成人という区分が記されている。しかし，青少年をその年齢に注目して区分しようとしても明確な年齢区分の定義はない。Ⅳ-2表のように，法令によってさまざまな呼称と，それに該当する年齢区分があることがわかる。一般的には小学校入学から第2次性徴の発現の頃までを児童期とみなし，第2次性徴から本人の所属する社会で一人前の権利が認められ，社会的責任が問われるまでを青年期としている。また，わが国の場合，社会教育など教育学の領域では，小・中学生を少年といい，15歳から25歳を青年という。

　学習者としての青少年を一様に捉えることは不可能といえる。それは青少年期という発達期は人間が子どもから大人へと心身共に大きく変化する時期であり，その変化のスピードや内容も個々人によって大きく異なるからである。また，現代の日本社会に生きる青少年の姿もかつての時代とは異なり，彼らを一様に捉え学習者として特徴づけることは無謀である。学習者としての青少年の

Ⅳ-2表　各種法令による青少年の呼称及び年齢区分

法律の名称	呼称	年齢区分
少年法	少年	20歳未満の者
刑法	刑事未成年	14歳未満の者
児童福祉法	児童	18歳未満の者
	乳児	1歳未満の者
	幼児	1歳から小学校就学の始期に達するまでの者
	少年	小学校就学の始期から18歳に達するまでの者
学校教育法	学齢児童	6歳に達した日の翌日以降における最初の学年の初めから，12歳に達した日の属する学年の終わりまでの者
	学齢生徒	小学校（又は特別支援学校の小学部）の課程を修了した初めから，15歳に達した日の属する学年の終わりまでの者
民法	未成年者	20歳未満の者
	婚姻適齢	男　満18歳，　女　満16歳 （未成年者は親の同意を得なければならない）
労働基準法	年少者	18歳未満の者
	児童	15歳に達した日以後の3月31日が終了するまでの者

特性を探るべく，ここでは青少年期という発達期の理解と現代社会を生きる青少年の諸相を捉え，彼らにとっての学習の意味を考えたい。

　青少年期には，身体機能と共に情緒面や知的能力がそれまでの発達期にも増して発達し統合されていく。しかし，思春期には14歳プロブレムなどという言葉もあるように，この時期は身体と心のバランスが不均衡になったり，自らの将来像を模索する中で親や教師といった大人と対立することも多いが，この時期に意味ある大人との出会いを通じその姿を自らの同一化モデルとする者もいる。さらに，10代半は準拠集団が家族から同年齢の仲間に移行する時期でもあることから，仲間集団の価値観を大切にする時期であるという前提に立ち青少

年を理解することが重要である。

　青年期にある若者は，子どもの世界と大人の世界の境界（マージン）にさらされている。境界人（marginal man）[8]としての青年は「自分は何であるのか」「自分の社会的役割は何か」など自我同一性の確立が彼らの課題であるとされながら，同時に，彼らは自己喪失の不安に悩み精神的に不安定な状況に陥りやすくなる。このように不安定な自己喪失状況から脱却する方策として，エリクソンは，彼らを社会的責任や義務から解放して（モラトリアム：役割猶予），自由な挑戦や冒険を試みることを許すということを提案している[9]。しかし，今日の日本に生活する青年は，ある程度豊かで快適な生活が可能な社会に生きており，かつての青年が抱いた刻苦勉励し，身を立て，国を富ますという意識はもはや遠い過去のものとなっている。

　最近の青少年の意識調査を見ると，彼らが不安に思っていることは，中・高校生では「進学」をめぐる問題，高校・大学生では「就職」をめぐる問題である。そして，理想とする生き方としては，「今を楽しく生きる」「家族と幸せに生きる」「趣味を大切にして生きる」などが上位に並ぶ。一方，経済的成功や社会的地位の獲得などといった功利主義的志向は低く，社会や他者に対する貢献意識も低い。そこには受験競争や，正規雇用をめぐる就職活動の重圧に耐える若者の姿があると同時に，現実社会の競争に目をそらして即時的な快楽を求め，あるいは，現実から逃避する形で日々を生きている若者の存在が認められる。さらに，功利的な成功や社会貢献などという社会とのつながりには興味を示さない代わりに，私的な趣味や親しい者たちとの交わりの重視など，個人的な欲求充足に重きを置き個人的な嗜好にこだわりを持ち自己実現を果たそうとする今日の若者像が見てとれる。

　青少年期は，学校を中心とした知識の獲得の学びのほかにも，学内外のさまざまな活動を通じて，人と交わり社会における共生を学ぶ時期でもある。生活

8：ドイツの心理学者レヴィン（K. Lewin）が青年期は，子どもと大人の中間の時期であり，その両面の心理的特性をもつことから，マージナルマン（marginal man）（境界人，周辺人）と名づけた。

9：E・H・エリクソン著，小此木啓吾訳『自我同一性—アイデンティティとライフサイクル』誠信書房，1973.

の中で日々勉強に追われ，あるいは高度情報化社会の中でバーチャルな世界に浸り，人との直接対話や交流，あるいは現実社会との接点や自然に親しむ体験の乏しさなど青少年の姿に問題を指摘する報告もある。1999（平成11）年の青少年問題審議会答申「「戦後」を超えて―青少年の自立と大人社会の責任―」は，わが国の社会が子どもに対してともすれば「より良い職場」に就職するために「より良い学校」に進学することを求めるような傾向が根強く見られ，その結果，子どもが多様な人間関係を通じて自尊の感情や社会性，人との付き合い方を習得する機会が減少していると指摘している。さらに，2007（平成19）年の中央教育審議会答申「次代を担う自立した青少年の育成に向けて」でも，意欲を持って自立への素養や力量を培う青少年がいる一方で，学習意欲や就労・勤労意欲の低い青少年が増加しつつあるのではないかとの懸念が表明されている。これらの文脈からも青少年の学びについて進学や就職を果たすだけの学びに留まらない，社会の一員としての自覚と責任や社会の規範を守る態度を育くむ必要性が説かれている。

　今日，学校教育法や社会教育法の一部改正を通して奨励されている体験的活動，中でも「奉仕活動」の賛否を巡っては議論が存在する。青少年の問題を，奉仕活動に当たらせて解消しようという修養論や，公的な社会保障サービスの縮小に伴うマンパワーの不足を青少年の奉仕活動に依って補填する意図での奉仕活動やボランティア活動の奨励は論外として，国内外の学校教育に見られるインターンシップ，シティズンシップ教育や，サービスラーニング等を参考に，学びを通じて対社会や対他者への問題意識を育て，社会貢献活動を伴う学習に繋げようとする動きが，学校と地域社会，企業との連携の中で生まれている。

　よい事だから，みんな揃って奉仕活動やボランティア活動に参加すべきだという一方的で偏狭な考えを安易に受け入れるのではなく，大人社会が作り出した社会問題の中で生きにくい思いをしている若者の存在への配慮も視野に入れつつ，青少年が社会における自らの存在について考え，人は人とのつながりの中に生きること，そして将来成人として社会に参加していく力を見い出すことを支援し，学ぶ，そのような機会を学校教育により頼むだけでなく，学校，地域，企業，NPOなどの大人社会が責任をもって形づくる合意形成と努力が求

められているといえる。

（2）成人期の特性と学習

　成人教育の領域では，従来から生涯発達の見地から「成人期とはどのような時期か」というテーマで研究が行われてきた。

　ハヴィガーストやエリクソンらは，人間の発達は個人と個人を取り巻く環境の均衡状況に向けて起こるものと見なし，そこでの社会的要請への適応を図るための発達課題を発達段階ごとに提示し達成の必要性を説いた。また，1970年代以降に注目を集めた成人発達論に，レビンソン（Levinson, D. J.）の成人発達論がある[10]。彼の学説は成人の内面に注目した発達論であるが，彼の主張は①人間の発達の最終段階として安定かつ普遍と考えられてきた成人期は実は精神的に安定した時期ではない，②成人期においては心理―社会的な危機と安定期が数年ごとに規則的に生起する，③成人の自我は，これらの危機を乗り越えることで成長するように挑まれているというものである。

　また，近年ではリーゲル（Riegel, K. H.）の個人と環境の間での葛藤や矛盾などの不均衡状況こそが成人の発達を促すという見解も支持されている[11]。すなわち，成人の発達は，①成人が置かれた環境の中でどのような経験をするか，②成人自身がそこでの経験をいかに認識・解釈するか，によって決定されるというのである。成人がこれまでの自らの経験を認識・解釈する中で形づくられた認識枠をもって新しい環境に入り新たな経験をする場合，従来の認識の枠組みでは対応しきれないことが起こる。このことが葛藤や矛盾などの不均衡状態なのであり，それを乗り越えるために成人はこれまでの認識枠を新たな諸条件や課題に合わせて修正し再構築しようとする。このエネルギーこそが成人の発達を促す機動力になり，かつ，ここに成人の学習への動機づけが生じるというのである。この学説は，成人が経験（学習）を通して認識の枠組みを絶えず修

10：レビンソン・D. 著，南博訳『人生の四季』講談社，1980．
11：Riegel, Klaus F., *Adult Life Crises : A Diakectic Interpretation of Development in Life-Span Development Psychology*, (ed.) Nancy Datan and Leon H. Ginsberg, Academic Press, New York, 1975.

正・再構築しながら自他への認識を深めていくことこそが，人間的な成熟に向けた成人の発達を促すというものである。今日では発達課題のようにある発達の時期を生きる人間が共通して直面する課題よりも，ライフイベント（life event）の出現に伴う変動と，それに伴う人間の成長・発達を探るライフコース（life course）研究が盛んに行われている。

　成人教育の理論については，20世紀初頭リンデマン（Lindeman, E. C.）の『成人教育の意味（*The meaning of adult education*, 1926)』[12]によって，成人の特性を活かした成人教育の特徴と方法が示された。また，リンデマンの影響下にノールズ（Knowles, M. S.）が1970年に『成人教育の現代的実践（*The Modern Practice of Adult Education : Andragogy versus Pedagogy*)』[13]として成人の学習者の特性を活かした成人教育の理論を世に示し，成人学習者の特性を以下のように論じた。

① 成人は学習において自己主導性（自己決定性）を志向する存在である。成人は基本的に，義務教育段階の子どもとは異なり，よくも悪くも学習するか否か，或いはその内容や方法を自分で決めることができることを望む存在である。

② 成人の蓄積した経験は，学習の貴重な資源となる。

③ 成人の学習へのレディネス（readiness，準備のできている状態）は，社会的役割あるいは社会的発達課題を遂行しようとするところから生じることが多い。（成人は，発達の移行期にいるときに一層進んで学習する。よって，成人教育の援助を行う場合は，学習者の社会的役割に着目する必要がある。）

④ 学習への方向づけとしては，子どもの学習は将来への準備などが主で即効性や即応性を要求しないのに対して，成人の学習では生活していく力（competence）やすぐに役立つ知識や技能が求められる。（それゆえに，学習の方向づけは，教科中心的なものから課題達成中心的なものへと変化

12：エデュアード・リンデマン著，堀薫夫訳『成人教育の意味』学文社，1996.

13：Knowles, M. S., *The Modern Practice of Adult Education : Andragogy versus Pedagogy*, Association Press, 1970.

していく。)

　ノールズの唱えた成人教育の理論については，成人の学習者の自己決定説への疑問（すなわち，すべての成人が自己決定的であろうとする心理的ニーズを有しているとはいえず，自己決定的な者もいれば他者決定的な者もいるという批判）[14]や，彼の教育理論が近代に特有な教育思想に基づいて子どもと大人の二分法を前提にペダゴジーとアンドラゴジーを考えており，両者の共通性や異質性についての説明が明確でないの批判等が提出された。しかし，ノールズが「大人の学習を援助する技術と科学」をアンドラゴジーとして定義し，その理論がその後の成人教育に関する理論研究の礎をなした意義は大きい。

　また，ノールズ以降の成人教育理論の研究・実践に多大な影響を与えた理論としてメジロー（Mezirow, J.）の「変容的学習（transformative learning）」の理論を挙げておく。メジローは成人教育を振り返りと行動プロセスと定義し，成人の「変容」をキーワードに新たな成人学習理論を展開した。彼は成人期の最も重要な学習は，パースペクティブの変容，即ち，行為の仕方を束縛している狭い解釈，認識の枠組み（意味パースペクティブ）を問い直し，変えていくことであると主張した[15]。メジローは「教育者の役割は，学習者が自分自身の中のパースペクティブの源と結果，自分自身のくらしについての解釈を批判的に検討するのを援助することである」[16]とし，学習者の前提をなしている認識の枠組みや，価値観を批判的に振り返るプロセスを学習活動に組み込むことが重要であり，それによって学習者に意味のパースペクティブの変容が生じることの必要性を論じた。この理論に立つと，成人の学習者の自己主導性は生活経験を通じて既に獲得された共通の特徴としてはみなされないことになる。成人の学習者は学習を通じて指導者あるいは援助者（ファシリテーター）の働きかけを受けながら自律性や自己主導性を獲得していく存在，即ち学習を通じて自らを変容させていく存在だということになる。

---

14 : Jarvis, P., *Paradox of Learning : on becoming an individual in society*, Jossey-Bass, 1992.
15 : Mezirow, J., *Transformative Dimensions of Adult Learning*, Jossey-Bass, 1992.
16 : Mezirow, J. & Associates, eds.*Fostering Critical Reflection in Adulthood*, Jossey-Bass, 1990, p.361.

これまでの議論を踏まえながら，社会教育，生涯学習の支援に携わる者には成人の学習の特性について理解し，その専門的見地から人々の学びを支援していくことが求められるといえる。

（3）高齢期の特性と学習

　これまで見てきたように，成人の学習には複雑で多様な特徴がある。少子高齢化が急速に進展しているわが国にあって，戦後生まれの団塊の世代と呼ばれる者たちが高齢期を迎え，彼らには従来の高齢者とは違う新たな形の社会参加や文化の創出が期待されている。一方で，高齢期を生きる者が直面する普遍的な変化である身体機能の低下，社会的役割の縮小・喪失などに伴う孤独感，疎外感，認知症などの疾病，このような高齢期に生じる「喪失」をいかに受け止め，乗り越えるかといった高齢期の課題解決に向けた学習への要請も高まりを見せている。

　心理学者のユング（Jung, C.）が40歳を「人生の正午」と呼び，40歳以降を「人生の午後」と捉えて人生の午後には人生の午前とは全く違う目的があると指摘したように[17]，この時期を生きる学習者を成人学習者というカテゴリーで一括にして扱うことはできない。高齢者も成人としての普遍性を持つものである一方で，加齢に伴う心身の老化に由来する実存的な存在の在り方に変化が生じるという意味で，高齢者には高齢期を生きる人間ならではの特徴がある。

　まず高齢期の生活や学習を考える上で見逃してはならない点は，高齢者の生活の中に生じる「喪失」と「獲得」という対立する二つの概念だろう。高齢期は人間の発達段階において，死を前にした最後のライフステージということになる。ある社会学者は高齢期を「喪失期」であると定義した。彼は加齢に伴う肉体的，社会的役割の変化の中で，人がそれまでの人生の中で獲得したさまざまなものを失っていく変化のプロセスこそが高齢期なのであり，「喪失」の最たるものが「死」という出来事であるとした。しかし，高齢期に生じるこの変化の過程は，喪失のみに終わることのない可能性を有していることを指摘した

17：ユング・C.著，高橋義孝訳『無意識の心理』人文書院，1997.

のが,『老いの意味（*Apprendre á vieillir*, 1971)』[18]を著したスイスの精神科医トゥルニエ（Tournier, P.）やエリクソン（Erikson, E. H.）であり,日本でいえば『老いを創める』[19]等を著した医師の日野原重明らである。彼らは高齢期をあらゆる面で個人差が顕著になる時期であるとしながらも,老いという現実に立ち向かい,自らの在り方をよい方向へ変えようとする意志をもった努力を通じて,そこに加齢による喪失だけでない獲得といった変化を見出し得るとの主張を展開した。この意味でも,どのような人間にも「(今よりも自分が) よくなりたい」「最後まで自分の人生には意味があると信じたい」という自己成長へ向かう欲求があると同時に,それを阻むさまざまな「喪失」という現実が高齢者の前に立ちはだかっているという認識に立ち,そのよい変化を引き出すために何が必要かという視点から社会教育・生涯学習の支援は展開される必要があるといえよう。まさに,社会教育や生涯学習支援の意義は,高齢期を生きる人々の日常生活や彼らの内面（精神的・霊的）世界が学習を通じてよい方向へと変化していくことを援助する営みの中にも見出されるといえるのである。

心理学者であり教育学者であったマクラスキー（McClusky, H. Y.）は,高齢者の教育的ニーズについて次のように論じた[20]。すなわち,彼は高齢者が教育に対して抱くニーズとして,高齢期の生活に対処していくのに役立つ知識や技術といった対処的ニーズ（coping need），活動それ自体の中に見出される喜びといった表現的ニーズ（expressive need），貢献的ニーズ（contributive need），影響的ニーズ（influential need），超越的ニーズ（transcendent need）の5つを提出した。彼の指摘した「表現的ニーズ」とは,高齢期にある学習者がそれまでの職場や家庭における役割から放されて,学習を通じて資格や知識や技術を獲得することよりも学習を通じて自分を表現することによって得られる喜びや満足を得ようとする傾向が強まることをいう。また,「貢献的ニーズ」

18：ポール・トゥルニエ著,山村嘉己訳『老いの意味―美わしい老年のために』ヨルダン社,1999.
19：日野原重明『老いを創める』朝日新聞社,1984.
20：McClusky, H.Y., Co-Chairman's Statement, in White House Conference on Aging (ed.) *Toward a National Policy on Aging* (*Final Report Vol. II .1971 White House Conference on Aging*), U. S. Government Printing Office, 1973.

る中で，従来の子どもを対象とする教育学（pedagogy）に対して，成人の学びを援助する技術と科学と称した成人教育学（andragogy）が1970年代に米国のノールズらによって提出されたことが成人教育論の端緒となった。生涯学習の場には，人生のさまざまな年代の人たちが，それぞれの多様な背景を抱えて参加する。たとえば，現代の社会的状況や経済的状況の急速な変化に対応という必要に差し迫られて学ぶ姿はよく見られることである。だが，大人が学ぶのは必要に迫られているからだけではない。さまざまな活動に参加することによって自分の成長を確認し，学ぶという行為自体に喜びや自己存在の意味を見出す，あるいは無為であることを回避するために学ぶ者もいる。

　フール（Houle, C. O.）は1961年代に成人の学習者にインタヴューを実施し，学習者を「目標志向型（goal oriented learner）」「活動志向型（activity oriented learner）」「学習のための学習志向型（learning oriented learner）」の三類型に分類した[24]。第一の類型「目標志向型」の学習者と名づけられた人々にとって「学習は学習成果をもたらすもの」ということが最も重要なことになる。これは資格をとる技術を身につける等の目標をもって，そのために学んでいる者たちのことである。第二の類型「活動志向型」の学習者と名づけられた人々にとっては「学習は人間としての存在感の基礎となる他者との交流を促す」機会を与えてくれるものとして意味を持つのである。彼らの主たる関心は何らかの社会的な活動をすることであって，たまたま学習活動がその社会的活動の一つの手段として選択されたというものである。さらに，活動志向型学習者は，学習に伴って付帯するさまざまな事柄（たとえば，友達をみつける，有名な講師と知り合う，ビジネスチャンスに結びつく手懸かりを探す等）にも意義を見い出す。第三の類型「学習のための学習志向型」の学習者と名づけられた人々にとって，最も重要なことは人間の心身を働かせて学ぶことであり，学習するという人間の営みそのものに意義を見出すことである。一人の人間を見ても，その時々によって違う類型の学習者として捉えることもできるし，同じ学習場面においてもさまざまな学習者が同時にそこで学んでいるのだというこ

24：Cyril O. Houle, *The Inquiring Mind*, University of Wisconsin Press, Madison, 1961.

と，さらには一人の人間の中に三つの学習者タイプが同時に存在しうるということなのである。

　このほかにも，学習への参加動機ではなく成人の学習を阻害する要因についての研究があり，成人を学習から遠ざけている要因の一つに学習者自身に内在する学習への脅威があるとする説もある。「education more education」の法則といわれるように，学校教育期に十分な教育を受けたものは成人した後も多くの学習機会に参加するが，学校教育期に十分な教育を受けられなかったものや，学校での学びについていけなかった負の経験を持つものは，そのことが学習への脅威となって，学習の機会から彼らを遠ざける要因となるというのである。このように，学習者が学習に臨む動機あるいは学習機会への参加を拒む理由は多様である。

　これまで見てきたように，学ぶという行為には人生のそれぞれの時期を生きる人間の発達上の特徴や，学習者のもつ多様な背景がそこに反映されるということを私たちは理解しなければならない。社会教育や生涯学習の場に参じる者たちは，それぞれが自身の能力，希望そして不安を持った人間なのである。

　したがって，学習支援者の役割は学習者個人の特性の理解につとめ，それぞれが学習の目的を達成できるよう最善の支援を行うことである。また，メジローの指摘するように成人の教育に携わる者の役割は，学習者のニーズに応えるだけはなく，成人の学習者たちの中に内面化され彼らを支配する認識の枠組みや価値を批判的に振り返ることを通して，彼らに新たな生き方や課題に気づきを与えることだともいえる。しかし，個々人を個別に理解し，個々への対応を行うことには限界がある。そこで，学習者に共通する特性や解決すべき課題を踏まえ，その上できめ細やかな教育的配慮をもって学習者の学びの過程を援助していくことが社会教育や生涯学習推進に携わる指導者や支援者には望まれるのである。

V章　生涯学習の方法・生涯学習の支援方法

1．教育振興基本計画における生涯学習支援

　21世紀の社会は，「知識基盤社会（knowledge-based society）」が大きな特徴の一つである。知識基盤社会については，2005(平成17)年の中央教育審議会（以下中教審とする）答申「わが国の高等教育の将来像」が，新しい知識・情報・技術といったものが，社会の基盤となっている政治・経済・文化など，あらゆる活動の展開において，飛躍的に重要性が増す社会であるとしている。このように，今日では，知識をはじめとする「知」にかかわることが人々の生活に大きな影響を与える社会が到来しており，このような社会状況は，生涯学習の方法や学習支援のあり方にも少なからぬ影響を及ぼしてきている。

　2006(平成18)年の改正で教育基本法に新たに生涯学習が教育の理念として位置づけられた（第3条）が，この教育基本法第17条を法的根拠として2008(平成20)年7月に策定された教育振興基本計画（第1期）においても，知識基盤社会の進展に注目する姿勢が打ち出され，次のように述べられている。

　　　今後，知識基盤社会の進展や国内外における競争の激化など社会が大きく変化していく中で，個人が幸福で充実した生涯を実現する上でも，また，わが国が一層の発展を遂げ，国際社会に貢献していく上でも，その礎となるのは人づくり，すなわち教育である。

　このように，今日では，「知」に重きを置く知識基盤社会の特性を踏まえ，個人の生活の充実と社会の発展との両方を視野に入れながら，生涯学習の支援

を進めることが大切となっている。

　さらに，この教育振興基本計画では，施策の基本的な考え方として①「横」の連携：教育に対する社会全体の連携の強化，②「縦」の接続：一貫した理念に基づく生涯学習社会の実現，の二つを掲げた。このことから，生涯学習においても，さまざまな教育機関や教育団体などの連携や社会のネットワークを活かした支援の在り方が推奨されるようになってきている。

　また，このような施策を行うための基本的方向としては，次の4つが挙げられている。

　　基本的方向1　社会全体で教育の向上に取り組む
　　基本的方向2　個性を尊重しつつ能力を伸ばし，個人として，社会の一員として生きる基盤を育てる
　　基本的方向3　教養と専門性を備えた知性豊かな人間を養成し，社会の発展を支える
　　基本的方向4　子どもたちの安全・安心を確保するとともに，質の高い教育環境を整備する

　このような「横」の連携と「縦」の接続を柱とする生涯学習社会の構築については，2013(平成25)年4月に出された中教審答申「第2期教育振興基本計画について」でも大きく取り上げられた。この答申では，これから目指すべき社会として，成熟社会に適合し知識を基盤とした「自立」「協働」「創造」モデルとしての生涯学習社会を挙げている。そして，このような社会を構築していくための教育の在り方としては，①「社会を生き抜く力の養成」，②「未来への飛躍を実現する人材の要請」，③「学びのセーフティーネットの構築」，④「絆づくりと活力あるコミュニティの形成」の四つの視点が基本的方向性であるとしている。

　この答申には，少子化や高齢化がますます進行していく日本社会が，国際化が進む国際社会の中で，持続的な発展を遂げていくためには，一人ひとりの能力を最大限伸ばし，学びを通じて目指すべき社会づくり・地域づくりを進めていかなければならないという認識がある。

第2期教育振興基本計画の推進に当たっては，一人ひとりのライフステージに応じた「縦」の接続と，社会のさまざまなセクターが，それぞれ役割分担をしつつ「横」の連携を図ること（特に，国と地方の連携・協働）に留意することが重要だとしている。なお，第2期教育振興基本計画は，2013年6月に閣議決定された。

これらからわかるように，今日の生涯学習においては，個々人の学習機会が保障されるとともに，社会全体で教育に取り組み，社会の発展が導かれるような生涯学習の方法の展開とそれへの支援が求められていると言えるだろう。

2．個人学習の意味とその支援

生涯学習の方法は，一人で行うか，複数の人々で行うかにより，個人学習と集合学習があるとされている。

個人学習の方法としては，①本・雑誌等読書，②テレビ・新聞等メディア利用，③個人指導による塾や習い事，④通信教育，⑤観劇・鑑賞，⑥個人で行うスポーツ，などがある。

さらに，近年，個人学習として，めざましく浸透していっているものにパソコンなどの情報機器を用い，インターネットなども活用して行うeラーニング（e-learning）がある。2000(平成12)年，2001(平成13)年には，情報通信機器（IT）に係る国家戦略として，すべての国民にITの積極的活用をうながし，知識創発型社会の実現を目指すとしたIT基本戦略や社会人がいつでも，どこでもITを活用して教育を受けられ，24時間365日行政がサービスを提供できる環境づくりを目標に盛り込んだe-Japan戦略が決定されている。

また，2006年には，情報通信技術（ICT）の活用を促進し，誰でもが，いつでも，どこでもネットワークに接続できる社会の実現を目指すU-Japan構想が立てられた。

このように情報機器の個人学習への利用が促進される中，文部科学省は，衛生通信を活用したエル・ネットや，インターネットを活用した情報通信ネットワーク事業（2008-2011年）を展開した。

eラーニングが，生涯学習推進に果たす役割について，経済産業政策局は，次の2点を挙げている[1]。

- 雇用慣行の変化に代表される大きな変革期にあって，我が国が明るく豊かな未来を切り拓いていくためには，国民が生涯の各段階において人間力を高めることが重要であり，そのためには国民一人ひとりが各自の望む機会に学習に取り組む機会を得，その成果が適切に評価されるような環境作りが必要である。
- 生涯学習の推進という観点からも，企業に依存しない自立した個人の学習環境を整えること，なかでも，社会の形成に主体的に参画していくことが期待される若年者に対して，学習機会を充実させその積極的な社会参加を促すことは，重要な課題である。

このような個人学習については，次に示すような「自己教育・自己学習」としてのとらえ方がある。

1972(昭和47)年にユネスコに提出されたフォール報告書[2]では，成人教育においては，教育活動を学習者中心にし，何を学ぶか（内容），いかに学ぶか（方法），どこで学ぶか（機会）を学習者自身で決めることを原則とする自己教育・自己学習を中心とすべきだとした。そして，自己学習の方法としては，当時の社会状況に照らし合わせて，①ランゲージ・ラボラトリーや技術訓練ラボラトリーでの学習，②図書館や情報センター，データーバンクを利用する学習，③視聴覚教材や個別学習のための教材を用いた学習，などが挙げられている。これらは，1970年代の指摘であり，メディアの発達状況が全く異なっているが，今日につながるという意味で重要な指摘であった。

また，1981年の中央教育審議会答申「生涯教育について」でも，個人学習を重視する方向が示されている。

さらに，ユネスコを中心とした生涯教育・生涯学習理論の展開の中で主張さ

1：経済産業政策局「草の根eラーニング研究会中間報告書」，2004.
2：Edgar Faure, Felipe Herrera, Abdul-Razzak Kaddoura, Henri Lopes, Arthur V. Petrovsky, Majid Rahnema, Frederik Champion Ward, *Learning to be The world of education today and tomorrow*, Unesco, 1972.（邦訳　国立教育研究所内フォール報告書検討委員会（代表　平塚益徳）訳『未来の学習』第一法規出版，1975.）

れてきた自己決定型学習（self-directed learning）の考え方も，個人学習を柱とした生涯学習の意義を訴えている。ジェルピ（Ettore Gelpi）は，政治・経済そして教育にまたがって制度改革を導きうるような生涯学習（教育）を志向して，それを実現していく生涯教育政策の要に自己決定学習を置く考えを示した[3]。

また，ノールズ（Malcolm S. Knowles）は，特に大人の学習では，人々が図書などさまざまな学習資源を活用して，自主的に学習を進める自己決定型学習／自己主導型学習（self-directed learning）が特徴の一つとなっているとした[4]。

このように，生涯学習において，個人学習は重要な領域を担っている。実際，1993（平成5）年にNHKが行った調査[5]では，成人の学習方法としては，本・雑誌による個人学習が最も多かった。しかしその一方で，集団による学習も少なからず取り組まれていることが分かっている。

3．集合学習の意味とその支援

集合学習の方法は，さらに①集会学習（講演会，展覧会，映画会，音楽会など）と，②集団学習（学級・講座〈社会教育施設の講座，大学・高校の公開講座など〉，民間企業の教室，グループ・サークル，社会教育関係の団体活動など）とに分けられる。

集会学習が，多くの場合，集会の時間が過ぎると，個々の学習者が散会してしまい，集団としての継続性に欠けるのに対し，学習者同士が相互に高め合うメリットをより生かせる集合学習が，集団学習である。

3：Ettore Gelpi, *Lifelong Education-The Dialectic between Oppression and Liberation*, 1983.（邦訳　前平泰志訳『生涯学習―抑圧と解放の弁証法』東京創元社，1983.）
4：Malcolm S. Knowles, *The modern practice of adult education : Andragogy versus pedagogy*, Association Press, 1970.（邦訳　堀薫夫，三輪建二訳『成人教育の現代的実践：ペダゴジーからアンドラゴジーへ』鳳書房，2002.）
　　Malcolm S. Knowles, *Self-directed learning, A Guide for Learners and Teachers*, Association Press/Follett, 1975.
5：NHK「日本人の学習'93　―成人の意識と行動をさぐる―」，1993.

また，集合学習が個人学習と大きく違う点は，同じ学習の場に他者の存在があるという点だろう。一見，参加者個人個人の間には，特につながりがないように思える映画会であっても，自宅において一人でDVDを鑑賞する場合とは異なる場の雰囲気が形成されている。そして，鑑賞後に，情報を共有した参加者同士で感想を述べ合うことで異なる見方や気づきが深まるといった展開も起こりうる。

生涯学習の議論の中で，学習者同士の相互関係を重視する教育論を展開したものに，ユネスコ「21世紀教育国際委員会」が提示した「学習の四本柱」の考え方がある[6]。「学習の四本柱」は，教育再構築に向けて基本となる柱ともされているが，その第一の柱は，「知ることを学ぶ」であり，第二の柱は，「為すことを学ぶ」，第三の柱は，「(他者と) 共に生きることを学ぶ」，そして，第四の柱は，「人として生きることを学ぶ」である。

このうち，第三の柱である「(他者と) 共に生きることを学ぶ」を，21世紀教育国際委員会は，当時の教育における最重要課題の一つに位置づけている。そして，その方法としては，①対話と討論，と，②報いのある共同活動の二つを挙げている。特に，自分とは考えや文化が異なる他者との討論や共同活動は，異文化だけでなく自文化への理解を導き，人間は相互に依存して生存していることや，違いだけでなく，互いの間の共通性への気づきと新たな帰属意識の芽生えに繋がるとしている。

この「学習の四本柱」の考えは，2009年に開催されたユネスコ第6回国際(世界) 成人教育会議において採択された「生存可能な将来のための成人教育の力と可能性の利用行動のためのベレン・フレームワーク」においても，知識基盤社会に望まれる生涯学習の在り方として再確認されている。

個人学習と集合学習は，別々に取り組まれる場合が多いが，学習者一人ひとりについて考えた場合，個人学習が集団学習に取り組む契機となっていたり，

6：UNESCO, *Learning : The Treasure within*, Report to UNESCO of the International Commission on Education for the Twenty-first Century, 1996.（邦訳　天城勲監訳『学習：秘められた宝ユネスコ「21世紀教育国際委員会」報告書』ぎょうせい，1997.）

集団学習で学んだことに興味をもって、さらに学習を深めるために個人学習が行われるなど、両者が個々人の学習を補完し合ったり、スパイラル的に学習を促進していく関係にある場合も少なくない。むしろ、個人学習と集団学習が、このような補完関係になる流れを支援することが、今日の学習支援では求められているのではないだろうか。

4. さまざまな集団学習の展開

　集団学習は、これまでさまざまな形態でなされてきている。たとえば、1950年代には、共同学習・サークル活動が盛んであった。1953(昭和28)年の青年学級振興法が制定されたが、共同学習は、この法律により援助される青年学級と一線を画して、より参加者の自主性を重視し、集団（共同体）で参加者が話し合いを行って、問題を解決する学習方法をとることを重視した日本青年団協議会が主導した学習運動であった。つまり、共同学習では、学習者が自らの生活課題を見つめ直し、本音で集団で話し合いを行うことが、重要とされていた。
　近年では、2005(平成17)年から始まった「国連持続可能な開発のための教育（Education for Sustainable Development（ESD））の10年（DESD）」の取り組みの中で展開されている社会構築主義的集団学習などを挙げることができる。
　集団学習を考える場合、その前提にある「集団」の在り方についての問題を忘れてはならないだろう。国際化や情報化、そして都市化などの近代化は、社会の在り方を大きく変えている。それに伴い、人口移動が激化し、核家族化も進み、人々の間で培われてきた絆の在り方も様変わりしてきている。たとえば、町内会や婦人会などに積極的に参加する人々の年齢は高くなり、一部の人々に限られてきている他、PTAも、役員のなり手が少ないなどとなっており、伝統的な地域の集団が、十分機能しなくなってきているが、その背景には、'地域'における人間関係の希薄化や集団への所属意識の低下などが考えられる。
　近代化の促進が、地域の集団の様相を変化させているという指摘は、日本に限らず、欧米諸国においてもなされている。たとえば、パトナム（Robert D. Putnam）は、20世紀後半のアメリカ社会において、近所づきあいが希薄化し、

教会活動などの地域の活動や，PTA，学校行事といった伝統的な集団活動への参加が減少してきている状況をつぶさに調べて，それは，コミュニティにおける人間関係（彼は，これを社会関係資本ととらえる）の変容ととらえている[7]。

近代化が進む社会では，地縁の希薄化を背景に，比較的他者との関係が密ではない集会などは，決して数を減らしてはいない一方で，相互の密な関係が求められる集団は，地域においてどんどん少なくなっているということができるかもしれない。

しかし，これに代わって，近年では，インターネットなどソーシャルメディアを用いて「つながる」新たなグループ形成が活発化してきている。このようなグループは，国境をも越えて形成されうるので，地理的制約はほとんど受けない。また，メンバー一人ひとりの参加の度合いもさまざまであり，構成メンバー自体も流動的な側面を持っている。しかし，このグループは，問題解決に向けた情報の提供や活用といった面では，従来の集団が持ち得なかったほどの力を発揮する場合がある。その例として，2011（平成23）年3月に起こった東日本大震災に起因するさまざまな問題へのソーシャルメディアを通じたグループの対応，たとえば，インターネットを駆使してさまざまな地域の人々が共同で作成したハザードマップ作りや，ネットでつながった人々が公共放送に先駆けて始めた聴覚障害者向け震災関連情報を提供する手話ニュースなどを挙げることができる。

加えて，近年爆発的な広がりを持つようになったフェイスブックなどのソーシャルネットワークやYoutubeなどのITを通じてメンバーの枠を超えた一般社会の人々へも積極的に情報発信をしようとしている。

このようなグループは，国際化と情報化が進めば進むほど，活性化すると思われる。もっとも，近年，情報化に伴う弊害（情報格差・デジタルディバイド，誹謗中傷や悪意のある情報利用など）も深刻化しているため，このような弊害

7：Robert D. Putnam, *Bowling Alone : The Collapse and Revival of American Community*, Simon & Schuster, 2001.（邦訳　柴内康文訳『孤独なボウリング：米国コミュニティの崩壊と再生』柏書房，2006.）

から集団を守るための十分な対応策を取る必要があるだろう。

　学習集団が継続していくための条件の一つに，グループの学習活動において，まとめ役などを行うコーディネーターや，助言などを行い，学習者間のコミュニケーションを促すなどの役割を担うファシリテーター[8]の存在を挙げることができるだろう。そのような立場で学習支援を行うのに適している者としては，公的立場から活動に係わることのできる行政や専門職員などを考えることができる。2008（平成20）年の中教審答申「新しい時代を切り拓く生涯学習の振興方策について～知の循環型社会の構築を目指して～」では，生涯学習推進に係る行政の役割の一つに，具体的な活動を触発し，関係者同士の連携を促進するコーディネーター役を挙げている。

　コーディネーター，ファシリテーターの役割の一つである学習相談は，集合学習に限らず，個人学習においても望まれている。

5．ノンフォーマル教育への注目

　1960年代から1970年代にかけて，国際化や情報化の進展により社会が変動していく中で，明治時代以降確立されてきた学校教育制度による教育形態への見直しが始まり，社会の発展プロセスと教育実践との統合を図ることのできる教育形態の模索がなされるようになった。近代以降の制度化された学校教育にかわるオールターナティブな教育への指向である。このことは，教育を制度化していくことの今日的意義自体についても問い直す機運を生んだ。

　オールターナティブな教育に対する実践的な試行が1960年代以降，活発に行われるようになった。その過程で特に注目されたのが，学校教育（フォーマル教育（formal Education））以外での組織的な集団学習としてのノンフォーマル教育（nonformal Education）の理論と実践である。ブラジルをはじめとす

8：集団学習におけるファシリテーターの役割については，ノールズが著書で詳しく解説している。Malcolm S. Knowles, *Self-directed Learning, A Guide for Learners and Teachers*, Association Press/Follett, 1975.（邦訳　渡邊洋子監訳『学習者と教育者のための自己主導型学習ガイド—ともに創る学習のすすめ』明石書店，2005.）

る当時第三世界と呼ばれた国々においてノンフォーマル教育は，成人・青年の生活を領域とする新たな教育形態の実践としてさまざまな試行がなされていった[9]。

また，ユネスコやユニセフなどの国際的な教育援助の在り方に対する議論の過程でも，ノンフォーマル教育は，課題の多い学校教育に変わる新たな教育的価値観に基づく戦略として，支持を集めていった。その代表者の一人は，クームス（Philip H. Coombs）である[10]。1970年代前半に国際的に起こったノンフォーマル教育論争の過程で，クームスは，学校教育に重点を置く教育支援の在り方を批判し，ノンフォーマル教育は，学校教育に勝るとも劣らない有効な教育支援となりうるとする彼自身の教育主張を展開した[11]。

その後は，基礎教育（Basic Education）や1990年にタイのジョムティエンで開催された万人のための教育世界会議において採択された「万人のための教育（Education for All）」に係る議論の中で，ノンフォーマル教育の意義が再確認されてきている。

日本においては，学校改革とは別に，社会教育や生涯学習について研究を行っている人々の間でノンフォーマル教育への注目がなされてきた。特に，1972（昭和47）年に東京でユネスコ主催の第3回国際（世界）成人教育会議が開催されたことなどもあって，当時国際社会で盛んになっていたノンフォーマル教育論争についても衆目を集め，それをきっかけに，日本でもノンフォーマル教育に対する関心が高まっていった。

9：ノンフォーマル教育について，さらに西井麻美「Nonformal Education における成人文化観の考察〜ブラジルにおける1960年代の実践にもとづいて〜」（ノートルダム清心女子大学紀要文化学編第14巻第1号，1990）および西井麻美「1970年代以降におけるブラジルの Nonformal Education の概念」（ノートルダム清心女子大学紀要文化学編第15巻第1号，1991）を参照していただきたい。

10：ノンフォーマル教育に係るクームスの見解については，鈴木眞理が「社会教育の特性と社会教育の研究」（『生涯学習・社会教育研究ジャーナル』第3号，生涯学習・社会教育研究促進機構（IPSLA），2009）において詳しく考究している。

11：Philip H. Coombs, *The World Education Crisis : A Systems Analysis*, Oxford University Press, 1968.（邦訳　池田進・森口兼二・石附実訳『現代教育への挑戦：世界教育危機のシステム・アナリシス』日本生産性本部，1969.）

1970年代末から1980年代にかけては，生涯教育の観点から，学校教育以外での弾力的かつ学習者のニーズにより合わせた教育として，ノンフォーマル教育が探求されていった[12]。

　さらに，独立行政法人国際協力機構（JICA）が，自らの基礎教育協力の5つの重点分野の一つに，ノンフォーマル教育を位置づけ，2004年9月には『課題別指針　ノンフォーマル教育』を策定している。

6．ノンフォーマル教育の概念

　ノンフォーマル教育の概念規定は，主に次の二つの側面でなされている。

　一つは，学校制度との関係において規定するものであり，学校教育体系に相当するフォーマル教育（formal education）に対して"non"（否定）である教育としてフォーマル教育と対置される教育とする規定の仕方である。学校教育への否定的概念を含む規定と言ってもよい。このような立場の教育論には，既存の学校教育の弊害を鋭く指摘しているイリッチ（Ivan D. Illich）[13]の脱学校化社会論やフレイレ（Paulo Freire）[14]の課題解決型の学習を重視し，対話による学習方法に着目する成人識字教育論などがあり，それらの教育論は，伝統的な学校制度にかわる新しい教育形態を志向するノンフォーマル教育の理論的基盤をつくったと言われている。

　もう一つは，教育を広く捉えて，教育には，フォーマル教育とインフォーマル教育（informal education）そしてノンフォーマル教育の三領域があると想定する規定の仕方である。この立場をとるユネスコは，ノンフォーマル教育について次のように定義している[15]。

12：総合研究開発機構『わが国のノン・フォーマル教育の現状と課題―生涯教育の視点より―』，1980.
13：Ivan D. Illich, *Deschooling Society*, Harper & Row, 1970.（邦訳　東洋・小澤周三訳『脱学校の社会』東京創元社，1977.）
14：Paulo Freire, *Pedagogia do Oprimid*, Paz e Terra, 1970.（邦訳　小沢有作・楠原彰・柿沼秀雄・伊藤周訳『非抑圧者の教育学（A. A. LA 教育・文化叢書Ⅳ）』亜紀書房，1979.）

フォーマル教育（学校教育）の枠組みには入らない組織的かつ継続的な教育活動。ノンフォーマル教育は，教育機関の内外どちらでもなされ，あらゆる年代の人々に応じる。その教育プログラムには，各国の状況にも依るが，成人識字教育，学校外教育としての基礎教育，ライフスキル，ワークスキル，一般教養が含まれる。

なお，インフォーマル教育とは，家庭や職場などで行われる非組織的な教育活動を指しているが，広くは，社会化のような無意図的作用をも含めてとらえる。しかし，ノンフォーマル教育と異なり，フォーマル教育の中にも取り入れられて，オープン・スクールとして展開されている実践も見られる[16]。

また，JICAは，これまでの国際社会での成人教育，生涯学習，識字教育などに係る議論や自らが実施してきた国際的教育支援活動をふまえて，ノンフォーマル教育について，「フォーマル教育が制度化された学校教育システム内での教育活動である一方，ノンフォーマル教育は，ある目的をもって組織される学校教育システム外の教育活動である」[17]と定義し，次の四つがその特徴であるとしている。

(1) 人々が生活の中で直面する課題をテーマに取り上げることができる
(2) 地域の特性に合わせた教育プログラムの実施を可能とする柔軟性や，紛争や災害などの不安定な状態にも対応できる即応性を持つ
(3) 子どもから成人まであらゆる人々に対して必要に応じた学びの場を提供できる
(4) 保健・衛生，環境保全，ジェンダー，人権，平和構築など多様な開発課題に対する基礎的能力の開発に貢献できる

ここに示されたように，ノンフォーマル教育は，課題解決型の教育として優れた効果があると期待されており，また，生涯にわたる学び，生涯学習の形態としても適しているとされていることがわかるであろう。

15：UNESCO, *International Standard Classification of Education*, ISCED, 1997.
16：小澤周三編『教育学キーワード〔第3版〕』有斐閣，2010，p.192.
17：JICA 独立行政法人協力機構・国際協力総合研修所『ノンフォーマル教育支援の拡充に向けて』2005，p.XV.

7. ノンフォーマル教育と生涯学習支援

　ノンフォーマル教育の活動は，多種多様であると言われるが，それでもいくつかの類型が提示されている。

　エバンス（David R. Evans）は，ノンフォーマル教育活動を次の三つの類型に分けてとらえた[18]。

　第一は，地域で行われるさまざまな教育活動である。これには，フォーマル教育（学校教育）の不備を補うことを目的とするcomplementary educationや，学校教育修了者に技術訓練等を行うsupplementary education，成人・青少年を対象として基礎教育・識字教育などを行うreplacement educationなどがある。

　第二は，国際的機関が支援して行われている教育活動である。この活動の計画者の多くは，政府の教育計画立案者により立てられている。

　第三は，1960年代以降に登場した，イリッチやフレイレの教育理論を基盤として，社会変革の視点に立って取り組まれている教育活動である。

　エバンスの分類における主眼は，社会構造と教育の関係が現状維持（現行制度の再生産）であるか，変革であるかに置かれているといってよい。つまり，ノンフォーマル教育の社会での機能の中に，社会変革を促す働きがあると捉えている訳である。

　また，IIPE（Institut International de Planification de L' Éducation）がラテン・アメリカ諸国のノンフォーマル教育を対象に行った類別では，学校教育に対する補償教育のものと，職業に関する能力育成やコミュニティの発展などの独自の教育課題の達成を目標とするものに大きく分けられている[19]。そして，「コミュニティの発展」を目標とするプログラムの一つとして，共同組合などの活動を通じての集団学習が挙げられている。

　さらに，ミシガン州立大学にあるIISE（Institute for International Studies

18：David R. Evans, *The planning of nonformal education*, Unesco, 1981, p.18-25.
19：Osmar Fávero, *Tipologia da Educação Extra-Escolar no Brasil Relatório de Pesquisa*, o MEC/INEP e a FGV/IESAE, 1979, p.29-32.

in Education）は，ノンフォーマル教育の類型化の指標として，①発展の問題との関係，②発展途上国の人々との関係，③学習形態，④柔軟性，⑤学習の評価，⑥財政的問題，⑦フォーマル教育との関係，⑧報酬に係るシステム，の八点を挙げている[20]。

ここでも，「開発・発展」は，ノンフォーマル教育をはかる重要な尺度とされている。このような「開発・発展」に係るノンフォーマル教育は，1990年にユネスコ，ユニセフ，世界銀行，国連開発計画の主催によりタイのジェムティエンで開催された「万民のための教育（Education for All〔EFA〕）世界会議」で採択された「万民のための教育世界宣言」において，基礎教育概念の中核に位置づけられることになる。そして，この「万民のための教育世界宣言」の教育概念は，その後の国際社会におけるさまざまな教育政策の基盤に据えられており，ESD（持続可能な開発のための教育／持続発展教育）もその一つである。

このように，ノンフォーマル教育は，個々人の学習ニーズに応える教育形態であるとともに，個々人の学習を社会の発展・開発にまでつなげる機能を持つ教育活動であるととらえることができるだろう。

また，1997年に開催されたユネスコ第5回国際（世界）成人教育会議において採択された「成人学習に関するハンブルグ宣言」では，人間中心の開発概念と参加型社会を理想として人々の参加を促す成人教育の必要性を訴えた。

これは，参加型学習を重視する教育観につながっている。参加型学習とは，学習者が主体的に教育学習過程に参加することを促す学習方法である。双方向型の授業や演習といった学習形態や，学習者自身による体験を取り入れた学習などが，この中に入り，参加体験学習と言われる場合もある。

参加型学習では，学習者が自ら教育過程に参加することにより，ただ一方的に知識を教えて貰うよりも，学習内容に対し学習者自らの関わり意識が生まれたり，学習者同士が積極的に関わり合う中で新たな気づきを得たりするなどの学習効果を期待することができる。

20：Marvin Grandstaff, Alternatives in Education : A Summary View of Resarch and Analysis on the Conceptof Non-formal Education, IISE, Washington, D. C. 1974, pp.86-87.

フレイレの成人識字教育における「対話」の重要性の主張や，ハッチンスの学習社会論，ユネスコ21世紀教育国際委員会による「学習の四本柱」の提唱の中にも，学習者の教育過程への参加を重視する学習観を見て取ることができる。

　さらに，ウェンガー（Etienne Wenger）らは，学習は，共通のテーマや関心，問題，熱意などを持つ共同体への「参加」の中で生じると考えた。そして，そのような共通のテーマや関心などを持続的な相互交流（参加）を通じて深めていくという「学習のループ」を生み出す集団を「実践コミュニティ」と名付けている[21]。

　知識の習得だけでなく，参加型学習活動を行うことにより，個々人も集団もともに成長することについて，JICA[22]は，『わが国のノンフォーマル教育支援の拡充に向けて』の中で，次のように言及している。

> 　ノンフォーマル教育では，知識の獲得のみを目指すのではなく，自助努力（Self-help）を尊重しつつ，意志決定能力，問題解決能力，批判的思考，コミュニケーション能力といった，人間として主体的に生きる力を高めることを併せて目指すものである。これらの能力は，周りの人々との関わりや，日々の生活における問題に対する実際の取り組みを通して高められていくものであり，計画から評価に至るすべての過程において，学習者の主体性を導き出し，支援する姿勢が重要である。
>
> 　計画から実施，評価に，地域住民代表，関係者，そして裨益者自身が参加している場面が多々見られたが，人々はこのような参加経験の中で，問題解決のために協力する力をもったつながりを得て，ある目標に向かって共に活動する集団へと変わることが指摘されている。

　このように，今日では，多くのノンフォーマルな教育といわれる教育活動において，参加型学習を導入することによって人々や集団の意識を大きく変えていくことが注目されている。生涯学習支援の形も時代の流れとともに変化しているのである。

21：Etienne Wenger, Richard McDermott, William M. Snyder, *Cultivating Communities of Practice*, 2002.（邦訳　野村恭彦監修『コミュニティ・オブ・プラクティス』翔泳社，2002.）
22：丸山英樹・太田美幸編『ノンフォーマル教育の可能性』（新評論，2013）では，JICAのノンフォーマル教育についての定義を「非正規の教育」と位置づけている。

VI章　生涯学習社会と学校・地域・家庭

1．生涯学習社会と地域

(1) 生涯学習社会という背景

　生涯学習という言葉については，単に「学習する」ことを「生涯学習する」と置き換えている例や，高齢者の学習のことを指す場合があるなどの誤解はあるにせよ，広く知られるようになった。しかし，現在の日本が「生涯学習社会」なのか，どのような基準を満たせば「生涯学習社会」なのか，「生涯学習社会」度の高い国はどこなのかなどと考えていくとはっきりとは答えられない。
　たとえば，「生涯学習社会」の定義としてよく引用される1992(平成4)年の中央教育審議会答申「今後の社会の動向に対応した生涯学習の振興方策について」では，「今後人々が，生涯のいつでも，自由に学習機会を選択して学ぶことができ，その成果が社会において適切に評価されるような生涯学習社会を築いていくことを目指すべき」と述べている。ここでは，学習者が自発的に学習の内容や機会を選択することの重要性は述べられているが，何をどのように学ぶべきかは示されていない。また，2006(平成18)年の教育基本法改正で，第3条として「国民一人一人が，自己の人格を磨き，豊かな人生を送ることができるよう，その生涯にわたって，あらゆる機会に，あらゆる場所において学習することができ，その成果を適切に生かすことのできる社会の実現が図られなければならない」という条文が追加されたが，生涯学習社会の実現の目的として「人格を磨き，豊かな人生を送ること」を掲げているものの，やはり何をどのように学ぶかについては触れていない。これは，生涯学習社会においては個人

いう言葉を漠然と使って議論を進めた結果として，誰が何をすべきかという点が曖昧なまま具体的なことは何も決まらないなどの状況が生じかねないからである。

　また，学校支援地域本部など，学校と地域の連携という文脈で使われる「学校」は，通学区域が決められている公立の小中学校の場合が多く，地域の範囲と通学区域が一致することが多い。学校のことに最も直接的な関心を有する保護者が地域に含まれるので，地域と学校の連携を考えやすい（ただし，学校支援地域本部事業などでは，学区外から卒業生などがボランティアとして参加する場合もあるので，完全に一致するわけではない）。一方，都市部を中心に自宅から遠方の私立学校に通う児童・生徒も多いが，その場合の地域と学校の連携をどのように考えるかについては，学校のOB・OGとの関係をどのように考えるか，学校が所在している地域の住民との関係をどのように構築するのかも含め考えていく必要がある。

　特に都市部に言えることであるが，同じ地域に居住する住民でも以前と比べて同質性が希薄になってきている。交通機関の発達や生活様式の変化により遠距離通勤が増える一方（職住分離），地域の祭等の伝統的な行事に参加する機会が減少し，地域住民として共通に経験する体験が少なくなってきている。このため，家族の一人ひとりが昼間は別々の「地域」（たとえば職場や学校）で過ごしていることが通例化しているし，一人の人間でも生活する場（自宅），働く場（職場），趣味の場それぞれが分かれていて複数の「地域」を行き来していることも多い。

　このように，地域住民という概念にはさまざまな要素が絡み合い，単に物理的に同じ「地域」に住んでいるということでは捉えきれなくなっているため，一口に学校と地域の連携と言っても，地域ごとの状況に応じて考える必要がある。

　また，地域住民としては，個人としての住民のみでなく，その地域の企業，地方公共団体を含む各種機関，諸団体，NPO等も含まれると捉えて，地域の諸機関として考えるべきである。その地域に存在する，または関係する諸機関としてどのような団体，組織が存在し，どのような役割を果たすことができる

かについても，学校，家庭，地域の連携を考える上で重要な要素になる。社会教育施設の一つである公民館の設置を求めた1946(昭和21)年7月5日に発出された文部次官通牒「公民館の設置運営について」には，この点について，「公民館は亦町村民の教養文化を基礎として郷土産業活動を振い興す原動力となる機関であるから，町村内に於ける政治，教育及産業関係の諸機関が一致協力して其の運営に参加しかくして教化活動と産業指導の活動が綜合的に推進されねばならない」として，住民の学習の中核拠点である公民館の活動・運営に，地域の諸機関が協力すべきことが述べられているのも同様の考え方に基づいている。

さらに「地域」は，前提なしに存在するものであると捉えるばかりでなく，地域を創造するという考え方が必要な場合がある。学校と地域が連携した活動を行うためには，地域内の学校や地域活動に関心のない住民に，同じ地域の住民という共通の意識を持ってもらうところから始める必要があるからである。いわば目標達成のために地域を形成しようとの考え方である。住民に学校教育のサポートという共通の目標を持った活動に参加してもらい，活動を通して住民意識が強まるというプロセスに進めば，地域が結果的・後発的に形成されたと言えるだろう。地域というのは，地理的な区分として存在するのみならず，住民が意識するものとしても存在すると考えることが必要である。

2．教育基本法第13条の意味

1947(昭和22)年に制定された教育基本法は，2006(平成18)年に，生涯学習や社会教育に関する重要な部分も含め，初めての改正が行われた。その一つが，学校，家庭，地域住民の相互の連携協力に関する次の条文の新設である。

(学校，家庭及び地域住民等の相互の連携協力)
第13条　学校，家庭及び地域住民その他の関係者は，教育におけるそれぞれの役割と責任を自覚するとともに，相互の連携及び協力に努めるものとする。

この規定を受けて，2008（平成20）年の社会教育法改正で，国及び地方公共団体の任務に関し，第3条第3項として「学校，家庭及び地域住民その他の関係者相互間の連携及び協力の促進に資することとなるよう努める」ことが追加された。
　学校，家庭，地域住民という三者の連携協力そのものは，教育基本法の改正によって新しくて提唱された考え方ではなく，むしろ三者間の連携協力がますます重要になってきているにも関わらず，現実の社会にあっては必ずしも十分に行われなくなったために教育基本法に規定する必要が生じたと考えられる。以前であれば特に意識しなくても自然に行われていた三者間の連携協力が不十分になった結果，連携協力の仕組みを意図的・自覚的に構築することが必要となったのである。
　それでは，教育基本法に規定された，三者のそれぞれの教育における役割と責任とはどのようなものだろうか。学校は，児童・生徒等に対して直接的に教育を行うために設置された機関であり，また，家庭は，教育基本法第10条に規定されているように，家庭内の子供に対する教育の一義的な責任を有しており，両者が教育上の大きな役割と責任を有することは言うまでもない。これに対し，地域住民のすべてが，その地域の子供に対する教育を直接的に行う役割と責務を有しているとまで言うことは現実的ではない。地域住民に求められる教育の役割・責任は，個人の自発的な意志により，その時間や能力，経験などを提供し，地域社会の一員として子供に対する教育に能動的に関与することである。このような行動は，あくまでも自発的な意思，意欲に支えられるものであり，強制されるべきものではないし，地域社会の構成員それぞれが置かれた状況によって役割や責任は異なる。このような能動的な住民の存在は，地域の教育力を高める基礎となり，地域内にバラバラに存在する学校や家庭という点を面としてつなげる原動力になり，学校，家庭，地域住民の三者の連携の成否の鍵を握るポイントにもなる。
　さらに，教育に関することを含め公共的なことを，全て国や地方自治体といった「公」に任せるのでなく，自立し責任感のある地域住民がたとえ少しずつでも自分ができることを行うことにより，より安全で快適な住みやすい地域を

目指す，いわゆる「新しい公共」の考え方を実現しようとするとき，教育面における活動での連携協力はその第一歩になり得るだろう。

なお，教育委員会等の行政機関は，地域住民に対して学習機会に関する情報提供や各種の講座を実施するほか，地域住民が学習の成果を発揮し，教育における役割と責任を自覚して学校や家庭と連携できるよう啓発活動を進めたり，そのための機会の提供のための環境整備を行う等の直接的な役割を有している。

すでに触れたように，生涯学習社会という考え方の中では，学習によって習得した知識や技能などの成果を生かすことが重要である。たとえば，海外居住経験のある住民が語学力を生かして学校の英語の授業のサポートを行ったり，公民館等で公害問題に関する学習を行った住民がそこで得た知識を生かして身近な地域の環境問題に取組むグループを作って実践する例がこれにあたる。このように地域住民が学習の成果を生かして学校や家庭における教育に協力することを通じて，より住みやすい地域作りに貢献するとともに，個人にとっても地域に貢献することによる充足感を得ることができる。教育基本法第13条の学校，家庭，地域住民の連携協力は，それぞれが，それぞれのために意味を持つ活動を自覚的に行うということを通じて，地域社会全体の発展や向上と個人の幸福の増大を促しているのである。

3．学社連携・学社融合という考え方

（1）学社連携・学社融合の理念とその歴史

学校教育と社会教育，あるいは学校と地域住民の二者の連携や，それらに家庭教育や家庭も加えた三者の連携，それぞれの役割の在り方については，従来から多くの議論がなされてきた。

1971（昭和46）年には，社会教育審議会答申「急激な社会構造の変化に対処する社会教育のあり方について」において，「これまでわが国は，学校教育に大きな期待がかけられることから，家庭や社会のもつ教育的役割がじゅうぶん認識されなかったり，三者の有機的関連が見失われたりする傾向が見られた」と

いう問題点を挙げた上で,「家庭,学校および社会で行われる教育が,それぞれに独自の役割を発揮しつつ全体として調和を保って進められることがきわめて重要である」と,家庭教育,学校教育,社会教育の有機的な連携の重要性について述べている。

また,1974(昭和49)年の社会教育審議会の建議「在学青少年に対する社会教育の在り方について」では,「従来の学校教育のみに依存しがちな教育に対する考え方を根本的に改め,家庭教育,学校教育,社会教育がそれぞれ独自の教育機能を発揮しながら連携し,相互に補完的な役割を果たし得るよう総合的な視点から教育を構想することが重要である」として,三者の相互補完的な役割を強調している。また,学校教育と社会教育の連携の意義については,「両者がその特質を発揮しつつ相互に積極的に協力し合うことによって,その教育効果の著しい向上が期待できる」とし,その例として,図書館,博物館,少年自然の家,青年の家などの社会教育施設において学校が行う活動を挙げている。

これらを受ける形で,学校教育と社会教育の連携を進める学社連携の取り組みが各地で行われるようになったが,90年代半ばからは,両者をさらに一体的に進める学社融合が必要であると主張されるようになった。

1995(平成7)年の国立青年の家・少年自然の家の在り方に関する調査研究協力者会議「国立青年の家・少年自然の家の改善について―より魅力ある施設に生まれ変わるために―(報告)」では,「これからの生涯学習社会においては,学校と学校外の教育がそれぞれの役割を分担した上で連携を図っていくということだけでなく,それ以上に,相互がオーバーラップしつつ,融合した形で行われていくことが必要であり,また,むしろ自然でもある」と,学校週5日制が1992(平成4)年から段階的に導入されつつあるという状況の中で,社会教育施設の一つである国立青少年教育施設の役割を考える議論の中においてではあるが,学校教育と社会教育が融合することの必要性を述べている。

さらに,1996(平成8)年の生涯学習審議会の答申「地域における生涯学習機会の充実方策について」では,学社連携とは「学校教育と社会教育がそれぞれ独自の教育機能を発揮し,相互に足りない部分を補完しながら協力しようというもの」であり,また,学社融合とは「学校教育と社会教育がそれぞれの役割

分担を前提とした上で、そこから一歩進んで、学習の場や活動など両者の要素を部分的に重ね合わせながら、一体となって子供たちの教育に取り組んでいこうという考え方であり、学社連携の最も進んだ形態と見ることもできる」と、学社連携との比較の中で学社融合の定義を行い、青少年教育施設のみでなく社会教育・文化・スポーツ施設などが学校と連携して、自然や日常の生活の中での体験学習のための事業を展開していくべきであると提言した。

学社連携や学社融合が求められる学校側の要因としては、従来は地域や家庭において行われてきた体験活動を学校に求められるなど、学校のみでは解決できない課題が増加し、地域住民の協力が必要であるとの認識が深まったことが挙げられる。たとえば、夜空の星をゆっくり見たり、海や川で貝を採ったり魚釣りをするなどの自然体験、かくれんぼや缶けり、ままごとやヒーローごっこなどの友達との遊びの経験率は、若い世代ほど少なくなっている（注：独立行政法人国立青少年教育振興機構『子どもの体験活動の実態に関する調査研究』平成22年10月）。従来なら特に意識しなくても学校外で経験することの多かったこのような体験活動を、学校において提供することが求められることが多くなり、学校が有する資源のみでは全ての教育活動が完結しないという状況が生じた結果、社会教育が有する体験活動等のノウハウを学校において活用することが求められるようになった。

また、他国では学校の管理責任が及ぶのは校内にて行われる正規の学習活動のみに限られることが多いのに対し、日本では登下校時の安全、部活動、放課後や土日の課外活動についても学校が一定の責任を有すると考えられる傾向がある。このため、本来であれば家庭や地域が主体的に果たすべき事柄まで含めて学校が担うことが多くなっているが、それらのすべてを学校だけでは担えるとは限らない。一方、都市化の進行などにより住民意識が希薄化し地域住民と学校の日常的な協力関係が構築されていない状況が広がっている。このため、学校と地域住民が役割分担を行いつつ意図的な連携協力の仕組みを構築することが求められるようになった。

社会教育の側から見た要因としては、従来の社会教育の取り組みの枠を超えた活動が模索されていたことが挙げられる。これまでの社会教育事業では、青

少年教育施設で行われる活動を除くと，その対象は成人中心であった。しかしながら，多様化する学びの需要に社会教育が対応しきれず，役割の低下や極端な場合には不要論までささやかれていた社会教育を（たとえば，松下圭一『社会教育の終焉』筑摩書房，1986），学校教育に役立てて再活性化させることで生き残りを図ろうとする考え方や，社会教育が長年蓄積してきたノウハウを生かして積極的に学校に貢献しようとする考え方がある。いずれにしろ，社会教育の対象として子供を正面から位置づけようという姿勢の現れであり，後に触れる学校地域支援本部等の事業も，学校がこれまで果たしてきた役割の一部を学校と連携しつつ地域住民が果たしていこうとするものであるため，社会教育行政側で企画・実施する例が多い（文部科学省で学校地域支援本部事業を所管しているのは，生涯学習政策局社会教育課）。なお，社会教育は学校の教育課程以外の組織的な教育活動を行うものであり（社会教育法第2条），大人のみでなく子供を対象にした事業も社会教育の本来の任務であることは言うまでもない。

（2）学社連携・学社融合の具体例

　学社連携・学社融合の具体的な活動は，地域によって多様である。たとえば，学社連携の一例として，理科の授業で地元の動植物についての学習の一部として，科学系の博物館を利用するという，いわば学校教育が社会教育施設を補助的に利用するという形態の授業がある。博物館での授業では，児童・生徒は動植物の標本やさまざまな実験道具に触れたり，学芸員から専門的な観点から話を聞くことで，教室での座学で得られる以上の具体性を持って理解を深めることができる。これを一歩進めて，博物館がその事業の一つとして，学校が授業で活用できるプログラムを企画して学校に提供することが考えられる。前者は，学校にとって不足している機能を単発的に社会教育施設が補完する「学社連携」であるが，後者は，博物館という社会教育施設の事業そのものが主体的に学校教育の一部を担っている点で「学社融合」を実現するための取り組みであるといえる。

　学校が授業の計画に合わせて，博物館という社会教育施設をクラス単位で活

用することも必要であるが，博物館の機能をそれのみに限定するべきではない。学校の授業では決められた内容を一定の進度で学ぶことが中心だが，博物館には興味や関心に応じて時間に縛られることなく学習を深めることができるという特徴があり，それを生かして主導的に学校教育の一部を担うことを意識したプログラム作りが求められる。

　また，博物館にとっては，学社連携，学社融合が進むことによって，子供たちの来館が増えることで館内に活気が生まれるのみでなく，多くの場合には，予算や職員の増にもつながり，その結果提供できるプログラムのメニューが豊富なものとなってさらに来館者が増えるという好循環が期待できる。また，地域住民が博物館においてボランティアとして活動している場合，児童・生徒と関わる中で学習の成果を生かすことができる。このように，学社連携・学社融合を進めることにより，学校，地域住民の双方の関係者にとって大きなメリットがもたらされることになる。

　地域で子供を育てる気運の醸成，学校と地域社会の連携の深化，子供に協力することの大切さを理解させ規則正しい生活を身に付けさせること等を目的として，子供たちが公民館等の施設に一定期間寝食をともにしながら，学校に通う通学合宿活動が各地で行われている（国立教育政策研究所社会教育実践研究センター　『地域における通学合宿活動の実態に関する調査研究』2002（平成14）年3月）。公民館等の社会教育施設が学校の教育活動を行う場を提供する（学社連携）のみでなく，一歩進んで，学校と協力しつつ，公民館が主体的に講座開設・運営のノウハウや講師のネットワークを駆使して通学合宿活動のプログラムを企画し，学校教育に提供するところまで行えば，学社融合に結びつくだろう。

　これらは，主として社会教育行政と学校教育との連携の例だが，地域住民が主体となっている取り組みの例もある。商店街が中心となって通学合宿活動を企画・実施し，まちづくり，まちおこしにまでつなげている例もある（注：『社会教育』2007（平成19）年12月号の p.25-26，『これからの家庭教育をどう支援するか』で熊本県における事例を紹介）。このように行政レベルでの学校教育と社会教育の連携協力のみでなく，地域住民が積極的・主体的・継続的に学

校に協力することができるということは，地域として高い教育力を有することの表れであり，後述する学校支援地域本部へと発展していく。

先に，「学社連携が最も進んだものが学社融合である」という1996(平成8)年の生涯学習審議会の定義を引用したが，重要なことは，連携か融合かということを二者択一で選んだり，どちらかに無理に当てはめることではないし，連携では不十分だから必ず融合に進むべきであるとは必ずしも言えないということである。学校教育と社会教育が連携協力する取り組みを行う中で，どのような効果が出るのか，継続的な取り組みとして定着させることができるか，より多くの住民の関与を得られるか等の実質的な観点から最適な形態を選択すべきである。

(3) 学校評議員と学校運営協議会

学校と地域住民，あるいは学校教育と社会教育との連携について，各地で先行的な取り組みが進められ，成果を上げた事例が蓄積された結果，それらを全国的に広げて行くための制度が創設されている。

2000(平成12)年にはその一つとして学校教育法施行規則が改正され，地域住民などが学校運営に参画するための制度として学校評議員制度が創設された。この制度は，学校評議員として委嘱された保護者や地域住民などが教育委員会に対し，校長の求めに応じて公立学校の運営に関する意見を述べるものである。この制度により，校長が，学校運営に当たって学校の教育目標・計画や地域との連携の進め方などに関し，保護者や地域住民の意向を把握するとともに，その理解や協力を得て特色ある教育活動を積極的に展開することが期待されている。この制度が創設される前にも各地で地域住民の声を学校運営に取り入れる努力がなされていたこと，学校評議員からの意見に学校長が拘束されるものではないなど学校評議員の役割が限定的であることを考慮しても，地域住民が公立学校の運営に参画することを法令で初めて規定したことの意義は大きいといえる。学校評議員は，2012(平成24)年には約8割の公立学校に設置されている。

2004(平成16)年には，公立学校の保護者，地域住民が一定の権限と責任を持って公立学校の運営に関わることで，学校と地域が一体となって，地域に開か

れ地域に支えられる学校づくりを実現することを目的として「地方教育行政の組織及び運営に関する法律」が改正され，学校運営協議会制度（コミュニティ・スクール）が導入された。教育委員会からコミュニティ・スクールに指定された学校には，保護者や地域住民を委員とする学校運営協議会が設置される。学校運営協議会は，教育課程の編成など学校運営の基本的な方針についての承認を行うほか，学校運営全般について教育委員会や校長に意見を述べることができる。また，教職員の採用などについて，任命権を持つ教育委員会に対し，意見を述べることができる。このように学校運営協議会制度の創設により，公立学校の運営そのものに地域住民が直接関って地域のニーズを反映させることができるようになった。文部科学省はコミュニティ・スクールとして指定を受けている学校を2016（平成28）年までに公立小中学校の1割に相当する3,000校に拡大することを目標としており，2013（平成25）年には1,570校となっている。

（4）学校支援地域本部

　地域住民が積極的に学校をサポートするなど，地域住民と学校が連携協力する仕組みをより確固たるものとするため，学校支援地域本部の設置が進められている。

　2003（平成15）年に，東京の公立学校では初めての民間出身の校長として，杉並区立和田中学校に藤原和博校長が就任した。同校では，世の中と学校の授業をつなぐ［よのなか］科の実施や，保護者と地域が力を合わせて子供たちの学びを豊かにするための組織としての地域本部の設置など，全国的に注目される取り組みが行われた。地域本部は，教員志望の大学生を中心とするボランティアが子供たちの自主的な勉強を支援する土曜寺子屋（ドテラ）の実施や，図書室の改造・運営，学校の緑化活動など，教員の負担軽減を図りつつ学習環境の改善のための各種取り組みを行った。

　このような和田中の取り組みを含めた，地域住民が学校を支援する各地での先行的な取り組みを全国に広げるための制度の検討がなされ，2008（平成20）年の中教審の答申「教育振興基本計画について～『教育立国』の実現に向けて」では，「学校と地域との連携・協力体制を構築し，地域全体で学校を支え，子

どもたちを健やかにはぐくむことを目指し，『学校支援地域本部』をはじめ，地域住民のボランティア活動等による積極的な学校支援の取り組みを促す」とされた。これを受け，文部科学省事業として2008(平成20)年度に学校支援地域本部事業が始められた。当初の3年間は，新しい制度を根づかせるために事業の必要経費の全額を国が負担する委託事業として実施し（2年目からは，国が経費の一部を負担する補助事業も並行して実施），2011(平成23)年度からは，補助事業として国，都道府県，市町村が経費を分担している。学校支援地域本部事業は，それまでの各地の先行事例を参考にしており，「地域住民が学校を支援する，これまでの取り組みをさらに発展させて組織的なものとし，学校の求めと地域の力をマッチングして，より効果的な学校支援を行い，教育の充実を図ろうとするもの」(2008(平成20)年7月1日　文部科学省・学校支援地域活性化推進委員会「みんなで支える学校　みんなで育てる子ども」)であり，これまで行われてきた学社連携・融合事業を含むさまざまな取り組みの経験を生かしつつ，学校と地域の連携をより具体的・体系的なものにしようとする取り組みである。また，学社連携・融合事業は子供の学習活動のサポートや健全育成にあたり，学校教育と社会教育の両者が連携協力を進めていこうとのアプローチであるのに対し，学校支援地域本部事業はその名称が表しているように，地域社会が積極的に学校の支援を行っていこうというものである。学校支援地域本部は，2012(平成24)年には，576市町村で3,036か所に設置されている。

　2006(平成18)年の教育基本法改正で，第13条として「学校，家庭及び地域住民等の相互の連携協力」が新設されたが，学校地域支援本部事業は，その目指す姿を具体化した事業であるといえる。また，2008(平成20)年の社会教育法改正で新設された第5条第15項の規定（社会教育法第5条15項　社会教育における学習の機会を利用して行った学習の成果を活用して学校，社会教育施設その他地域において行う教育活動その他の活動の機会を提供する事業の実施及びその奨励に関すること）は，学校支援地域本部事業を念頭においたものであり，同事業の法的な根拠となっている。さらに，同法改正で，社会教育主事の職務として，学校に対してその求めに応じて必要な助言を行うことができることが追加されたが（社会教育法第9条の3第2項　社会教育主事は，学校が社会教

育関係団体，地域住民その他の関係者の協力を得て教育活動を行う場合には，その求めに応じて，必要な助言を行うことができる），学校支援地域本部事業の実施のため，社会教育主事が地域住民の学習活動の企画を行う中で培ったノウハウを生かして積極的な役割を果たすことが期待されている。

　前出の2008（平成20）年に文部科学省等が示した「みんなで支える学校　みんなで育てる子ども」によると，学校支援地域本部事業の実施は，学校，家庭，地域が一体となって地域ぐるみで子どもを育てる体制を整えることを目的としており，①教員や地域の大人が子どもと向き合う時間が増えるなど，学校や地域の教育活動の充実，②地域住民が自らの学習成果を生かす場が広がる，③地域の教育力の向上の3点の効果を期待している。また，同文書では，地域本部は，基本的には「地域コーディネーター」「学校支援ボランティア」「地域教育協議会」によって構成されると述べているが，地域教育協議会が地域本部の活動について企画立案を行い，地域コーディネーター（多くの場合有給）が，学校支援ボランティア（無償または実費程度の謝礼の場合が多い）と学校の間の連絡調整を行うことになる。このような構成要素や名称は一例であって，それぞれの地域がその実情に合致した地域本部を育てていくことが期待されており，実際各地で特色のある取り組みが行われている。

　学校支援地域本部事業では，学校と地域住民の関係について次のような5点を考えることが必要であろう。

　①地域が何を提供できるかについての検討……地域住民が学校に対して提供できることの内容は，地域によって異なる。日頃から学校と地域住民の人間関係が密接で，学校側から要望等を連絡できるルートが確保できている地域もあれば，外国人や海外在住経験者が多く英会話や海外事情理解の授業に対するサポートを得やすい地域もあるなど，さまざまな状況である。ある地域で有効に機能した取り組みが他地域でも機能するとは限らないので，その地域の学校が何を必要としているか，その地域にどのような人材がいるか，学校と地域の協力関係の強弱などの諸要素を見極めた上で，地域本部の活動を計画する必要がある。

　②学校と地域の役割分担の明確化……地域が支援する内容は，花壇や校庭の

整備などの学校の環境整備，図書室の管理，安全な登下校のための見守りなどの教育課程以外の面で学校をサポートに限定される場合と，英会話や家庭科など教育課程のサポートにも関わる場合とがある。どちらのケースもありうるが，学校と学校支援地域本部の役割分担を事前に明確にしておくことが必要である。

　③学校側からの情報提供……地域住民が学校に協力するためには，学校についての情報が不可欠である。学校側が地域住民に対して，運営方針，行事の日程，地域に求める支援内容等の情報を，わかりやすく提供することが地域のサポートを得ることにつながる。また，コミュニティスクール（学校運営協議会制度）の設置が各地で進められているが，学校支援地域本部と学校運営協議会の連携により，より地域に密着した学校運営が可能になる。

　④関係者全員にとってのメリット……学校支援地域本部事業が効果的・継続的に実施されるためには，参加する関係者全員にとってメリットがあることが必要である。支援される側の立場である学校にメリットがあるのは当然だが，地域住民にとっても，学習の成果を事業に関与することを通じて生かせるという生きがいの創出や，地域の活性化などのメリットが必要である。したがって，事業を企画する地域コーディネーター等には，学校，地域双方のニーズ・関心を把握した上で，地域住民がやりたいことと学校がして欲しいことの調整をスムーズに行うことが求められる。

　⑤継続する仕組みの構築……学校支援地域本部事業は，その名称が示すように，地域活動や学校支援活動に熱心な特定の個人に過度に頼らない仕組み作りを前面に打ち出している取り組みである。学社連携・融合にしろ，学校支援地域本部にしろ，取り組みがうまくいっている要因の多くは，地域の方々の自発的な協力による部分が大きい。そういった熱心な住民の活動は，学校と地域の連携に不可欠であるが，中心を担っている住民の転出や高齢化，事業に理解のある教員の異動等により，うまく機能しなくなることがある。そうしたことを防ぐため，また，現状では学校と地域住民の連携の仕組みが不十分な地域でも効果的な学校支援活動を始められるよう，行政として学校支援地域本部等のシステムを整えることが重要である。また，そのシステムは，地域住民が学習を行い，その学習の成果や特技を学校支援に活用するという一連のプロセスを視

野に入れたものになることが望ましい。地域住民に学ぶ場を提供することなく，学校にとって有用なものを地域住民から吸収するという状況が続くと，地域からの支援が先細りしてしまい，将来は学校が必要な支援を得られなくなる恐れがあるからである。

4．家庭教育をめぐる問題

（1）家庭教育と家庭教育支援の関係

　家庭は，主として家族を構成員とする社会における最小の単位である。家庭教育は，家庭という場において，両親等の保護者が子供に対し，基本的な生活習慣や倫理観，社会的マナー等の種々の事柄を教えることである。学校における教育と異なり，いつ何を教えるかの公式の教科書が存在するわけではない。各種の育児書などはあるものの，実際の子育てがその通りに進むものでもない。また，大人の側に意図的に教えようという意思がなくても，日常会話や日頃の生活態度の中でも，実質的な家庭教育が行われる（子は親の背中を見て育つ）。教育基本法第10条第1項に規定されているように，家庭教育は一義的には保護者の責任であり，国や地方公共団体といった行政機関は，家庭教育そのものに直接関わることはできない（何らかの理由で保護者が欠けた場合や，虐待等著しく深刻な問題がある場合には，児童福祉等の観点から，例外的に行政が保護に当たる必要はある）。したがって，「最近の子供は，しつけに問題があるから，行政はもっと責任を持って家庭教育に力を注ぐべきだ」「虐待の早期発見のためには，行政が普段から積極的に家庭に介入すべきだ」との行政の積極的な役割を求める意見もあるが，例外的な事例を除いて，家庭教育そのものは通常，行政の対象範囲外となる。

　これに対して，家庭教育支援は，両親等の保護者に対し家庭教育にあたって必要なサポートを行政が提供するものであり，行政の重要な任務である。必要とされる家庭教育支援の内容は，家族構成，個々の教育観，都市部か農村部かといった地理的要因等によって多様である。たとえば，祖父母のいる三世代同

居家族であれば世代間で子育てに関する知識や経験が日常生活の中で継承されるため，具体的な子育てに関する家庭教育講座は必要ない場合が多いが，核家族世帯に対してはそういった講座の必要性が高い。家庭教育支援は保護者を対象とする事業であり，社会教育の重要な構成要素としてとして捉えられてきた。2001（平成13）年の社会教育法改正では，市町村の教育委員会の事務として，家庭教育に関する学習の機会を提供するための講座の開設等が盛り込まれ，法令上その趣旨が徹底された（社会教育法第5条第7号）。

　家庭教育支援の実施のため，国や地方自治体によって以下のような各種の施策が行われている。

　①子育てや子供の発達段階に関する情報，家庭教育講座や子供と一緒に参加できるイベント等の地域の情報が掲載された情報誌を子供を持つ家庭や学校向けに配布するなどの情報提供，②生活習慣やしつけなど家庭教育に関する講座，親子で参加できる体験教室，保護者が集まって情報交換できる交流会等の開催などの学習機会の提供，③子育てに関する悩みを，対面や電話によって相談できる体制を整えることで，子育て中の親の不安や悩みに対応するとともに，相談する時間がない，または家庭教育に無関心な保護者対応として，訪問型支援を実施するなどの相談体制の整備，④文部科学省では，子育て経験者，PTA関係者，民生委員，スクールカウンセラー，保健師等身近な方と専門家の連携による家庭教育支援チームを組織し，情報提供，学習機会の提供，相談体制の整備を組み合わせて行う総合的な家庭教育支援チーム事業を実施。

　各地の教育委員会等の積極的な家庭教育支援事業への取り組みの結果，大きな効果を上げている例も多い一方，行政による家庭教育支援の限界も存在する。教育基本法第10条第1項で規定しているように，家庭教育の一義的な責任は保護者にあるため，家庭教育に無関心だったり孤立しがちであるなどの問題を抱えている最も家庭教育支援事業に参加して欲しい家庭の親の参加を，どのように確保するかという課題がある。その意味で，家庭教育支援チーム事業でも実施している訪問型の相談対応・情報提供のような一歩踏み込んだ取り組みが今後ますます重要になる。また，家庭教育支援事業を行うに当たっては，学校や図書館等の教育委員会所管の諸機関との連携を強化することはもちろんである

が，問題の早期発見や家庭だけでは解決困難な事例にも対処できるよう，子育て支援や児童虐待等を担当している他の行政部門，保育園，子育てに関係するNPOやサークル等多くの関係者，専門家との連携が不可欠である。

（2）早寝早起き朝ごはん運動

　親に第一義的な責任のある家庭教育と行政が行う家庭教育支援の間隙を埋めるものとして，また，家庭，地域住民，学校を有機的に結びつける取り組みとして，各地で「早寝早起き朝ごはん運動」が展開されている。「早寝早起き朝ごはん運動」は，学校，家庭，地域が一体となって子供の基本的な生活習慣を育成し生活リズムを向上させるための運動である。2006（平成18）年に100を越える団体（経済界，PTA，子ども会，青少年団体，スポーツ団体，文化関係団体，読書・食育推進団体等）や個人が参加する「早寝早起き朝ごはん」推進全国協議会（会長：有馬朗人　元文部大臣，事務局は独立行政法人国立青少年教育振興機構）が設立され，その後も参加者を増やしつつ各地で運動が展開されている（2012（平成24）年時点で，約270団体が参加）。この運動には決まったメニューがあるわけではなく，運動の主旨に賛同する団体や個人が，可能な範囲でそれぞれの方法で運動を展開している。早寝早起き朝ごはん運動は，行政では直接実施することのできない家庭教育そのものと，行政が行う家庭教育支援とを結びつける一つの有効な取り組みであると考えられ，国や地方公共団体も積極的に運動を推進した。たとえば文部科学省は，全国協議会と協力して講演会の開催，テーマ曲やロゴの作成，早寝早起き朝ごはんに関する写真・ポスター・俳句・三行詩のコンクール等を実施したほか，全国各地でモデル事業を実施し，その成果を各種イベントの開催により紹介し，他の地域に運動の裾野を広げてきた。

　モデル事業として行われた取り組みの例としては，①朝読書，早朝英語教室，朝の花壇への水遣りなど学校での朝の時間の有効活用，②早朝親子ウォーキング，「我が家の三原則」作成など親子の絆を深める取り組み，③登下校の見守り，挨拶運動，地域清掃活動など地域住民を巻き込んだ取り組み，④朝食レシピ調理実習，睡眠に関する学習会などの早寝早起き朝ごはんの理論や実践を深

める取り組み，⑤通学合宿などの子供の生活習慣確立のための取り組み，⑥講演会の開催，のぼりの設置などの普及啓発活動などがある。

　早寝や早起きをして朝ごはんを食べるというのは，子供が身に付ける基本的な生活習慣の第一歩であり，各家庭で日常における家庭教育やしつけとして取り組むべき内容である。しかし，すべての家庭で早寝早起き朝ごはんを完全に実践できるとは限らないという状況があり，日本の子供は他国に比して，就寝時間が遅い，親子の会話が少ないというデータもある。早寝早起き朝ごはん運動は，直接的に行政が家庭教育の内容そのものに乗り出すことができない（そうすべきでもない）中で，多くの関係者を巻き込んで地域全体で子供の生活習慣改善に関わるという雰囲気を作るための取り組みであり，そのためのデータやヒントを提供する取り組みでもある。たとえば，早寝早起きにより，朝の日光を浴びて体内時計をリセットして午前中の活動に必要なセロトニンを出すことで授業に集中できるという理論や，朝食を食べる子供ほど学力や体力が高いというデータ（『平成24年度全国学力・学習状況調査』『平成22年度全国体力・運動能力，運動習慣等調査』（文部科学省））を示してきた。また，平日の夜はなかなか子供と接することのできない親でも朝の少しの時間で取り組めることを紹介したり，簡単な朝ご飯レシピの紹介など誰もができることから取り組めるよう，具体的な実践例を示している。

　早寝早起き朝ごはん運動は，教育基本法第13条で規定している地域住民の教育における役割を具現した一つの形であると考えることができる。家庭教育そのものは保護者に一義的な責任があるとしても，それを取り巻く多くの地域住民が可能な範囲で学校や家庭と連携協力しつつ，早寝早起き朝ごはん運動に参加することによって地域の子供の健全育成に関わることができるからである。早寝早起き朝ごはん運動には，従来から子供の健全育成等に関ってきた団体だけではなく，民間企業やスポーツ界をも巻き込んだ活動に広がっている。たとえば，子供の「食」という観点から食品メーカー，スーパーマーケット，ファーストフード店が，「親子のふれあい」という観点から旅行会社が，「早起き」という観点から日用品メーカーが，子供の運動や体力向上という観点から日本サッカー協会やＪリーグのチームが参加するなど多様な取り組みが広がってい

る。朝ごはんを食べる子供の割合が次第に上昇するなど，子供の生活習慣の向上に向けた取り組みの成果が出てきており，引き続き，社会全体で子供と家庭を支える取り組みを進めていくことが必要である（注：「朝食を毎日食べていますか」という問に対し，そうしていると答えた割合は，2001（平成13）年と2012（24）年で比較すると，小学6年生では76.0％から88.7％に，中学3年生では70.5％から84.0％に増加している）。

5．学校教育と社会教育の異同とその特性の生かし方

　学校教育については，全国的な教育水準の維持のために，学校の設置・教育課程・施設の基準・教員免許の基準，義務教育費の国庫負担等が法令で定められている。一方，社会教育については，地域の状況や住民の希望等によって教育内容等の面で自由度が大きい半面，地方公共団体が社会教育施設の経費や社会教育活動のために支出した経費である社会教育費が年々減少していることからもわかるように，財源的な裏づけが脆弱である（2010（平成22）年の社会教育費は，1兆6,409億円で5年前の2兆0,437億円と比べ20％の減少，この間の学校教育費は2％の減少にとどまっている。『平成23年度地方教育費調査』文部科学省）。

　施設の設置については，学校教育では市町村に小中学校の設置義務があるなど（学校教育法第38条等），法令上の位置づけが明確であるのに対し，社会教育では，たとえば公民館については市町村が設置することとなっている（社会教育法第21条第1項）ものの，法令上の設置義務があるわけではない。

　教材という点でみると，読み書き算盤から始まるすべての国民に共通して必要な基本的な学力を確保するという考え方に立って，中等教育段階までの学校教育では，国が定めた学習指導要領に沿った教科書を使用することとなっている。これに対し社会教育では，全国的に共通の教科書や教育内容の基準は存在しない（自然体験学習，青少年・高齢者向けなどのライフステージごとの学習，環境問題や家庭教育支援など全国的に共通な課題について，各地で実践・研究が積み重ねられ，学習方法や教材が多くの地域で活用されている例はある）。

社会教育の事業を実施するにあたっては，たとえば公民館の主催講座でどのような教材を使うかについては，その設置者である市町村が最終的に責任を持つことになる。教育基本法第12条では社会教育について，「個人の要望や社会の要請にこたえ，社会において行われる教育は，国及び地方公共団体によって奨励されなければならない」ことと規定されていることを踏まえ，個人と社会の両者のバランスに配慮した社会教育事業を提供するための教材開発が求められる。

学習者という点では，学校教育では児童・生徒が入学すると基本的には卒業までの期間通い続けることになるのに対し（うち小中学校段階は，保護者に子の9年の普通教育を受けさせる義務がある（学校教育法第16条）），社会教育では誰が何をどこでどの位の期間学習するか，あるいは学習するかしないかも含め学習者本人が選択する。このため，公民館等の社会教育を提供する側は，地域住民の多様な学習ニーズに応じた学習の提供が求められる。交通機関の発達や就業構造の変化に伴って生活圏，行動圏が格段に拡大し，個人にとっての地域の範囲が広っている。さらに同じ地域内でも個人の生活スタイルや関心事項が多様化しており，社会教育事業を提供する側は，一層細やかな学習者のニーズの把握やそれに応える事業の実施が必要となる。このように個人が活動する地域の範囲と市町村等の行政上の地域の範囲が必ずしも一致しなくなっているが，現状では学習ニーズの多様化に比例して社会教育に投入することのできる資源（予算，人員等）が増えるとは限らない。たとえば公民館であれば，一館で地域内の社会教育事業を自前ですべて行うという考え方から脱却して，他地域の公民館，地域内の他の行政部門や民間セクターなどとの協力を積極的に進めることも考えられる。また，公民館は多様な地域住民の学習拠点となるべき施設であるから，利用対象者を特定の登録団体に限定すべきではなく，各種の用途で活用することを希望する地域住民に広く開放するべきであろう。

教職員については，学校教育では教育職員免許法により高等学校段階までの教員は免許状を有することが求められる一方，社会教育では実際の現場で教えるための資格や基準は設けられていない。これは，社会教育というものが，誰もが教わる立場であるとともに，教える立場になりうるという相互性を有する

ものと考えられていたためでもある（昭和24年の社会教育法制定時に，文部省社会教育局長が提案理由説明で，「元来社会教育は，国民相互の間において行われる自主的な自己教育活動」であると述べている）。また，教育委員会事務局に置かれ，専門的技術的な助言，指導を行う社会教育主事については，学歴，実務経験，社会教育主事講習の修了からなる任用資格が定められているものの（社会教育法第9条の4），公民館の館長，主事その他必要な職員については特別な資格要件は定められていない（社会教育法第27条）。これらの社会教育行政に関わる職員には，地域住民の学習ニーズの把握，学習機会の提供のための企画・実施という広範囲かつ高度な力量が求められる。社会教育主事については，社会教育法第9条の2第1項で，「都道府県及び市町村の教育委員会の事務局に，社会教育主事を置く」と規定され，質量ともに充実することが望まれるにも関わらず，その数が年々減少している傾向がある（2011（平成23）年の社会教育主事数は2,521人で，1996（平成8）年の6,796人と比べて73％減の減少。なお，1959（昭和34）年の社会教育法施行令の改正により，人口一万人未満の町村については，当分の間，社会教育主事の設置が猶予され，今日に至っている）。

　財政基盤の違いについていえば，学校教育の場合，公立学校は法令に基づいて国や地方公共団体が負担する経費によって運営され，私立学校についても国や地方公共団体からの補助が行われているのに対し，社会教育の場合，社会教育法第5条及び第6条で，都道府県や市町村教育委員会の事務として，社会教育に関する事務を列挙しているが，いずれも「当該地方の必要に応じ，予算の範囲内において」行うこととなっており法令上必須の事務であるとまではいえない。また，学校教育の場合，少なくとも学力的な面での向上の効果を数字で示すことが可能なのに対し，社会教育事業の場合，その成果を具体的に示すことが困難であり（たとえば，公民館での防犯講座の受講者が増えたから，空き巣の件数が減少したと示すことができるだろうか），事業の実績に基づいた評価が難しく予算削減の対象になることがある。講座の企画の際に，人気のあるテーマや講師で集客を図るか，必ずしも受講者が多くなくても地域に必要なテーマとするかについて頭を悩ませる公民館は多いだろう。効果的かつ地域に真に必用な事業を企画することは当然だが，社会教育の事業量確保という点を考

えると，事業の成果を示す工夫を行うことも重要である。

　所管部局については，地方自治法第180条の8では，教育委員会が学校その他の教育機関の管理や学校の組織編成，教育課程等の学校教育に関する事務と並んで社会教育に関する事務を管理し執行することになっており，また，「地方教育行政の組織及び運営に関する法律」第23条により，教育委員会は，学校教育，社会教育等に関する事務を管理，執行することとされている。このように法令上，学校教育，社会教育ともに教育委員会が所管することとなっているが，地方自治法180条の7の規定を使って教育委員会の事務の一部である社会教育を首長部局に委任し，または補助執行させ，実態上，首長部局が実施する例が増えてきている。

　ここで，生涯学習担当部署の設置経緯を振り返っておきたい。国でも地方公共団体教育委員会でも，学校教育を扱う部署とは別に，社会教育関連の部署を置いてきた。たとえば文部省では，1988（昭和63年）までは，学校教育の所管局とは別に，社会教育所管局として社会教育局が置かれてきたし，各都道府県，市区町村の教育委員会にも，社会教育課等の部署が置かれてきた。国においては，1988（昭和63）年に文部省に生涯学習局（2001（平成13）年からは生涯学習政策局）が置かれ，社会教育行政に加えて生涯学習に資するための施策の企画，立案等を行うこととされ，地方公共団体でも，平成に入ったころから従来の社会教育担当部署を生涯学習担当部署に置き換えるなどの組織改正が進んだ[1]。このような行政組織の再編の流れは，生涯学習社会を築くという考え方の元で，学校教育，家庭教育，社会教育の連携協力を図っていくためのものであり，形式的な体制整備に終わることなく，学校教育と社会教育が実質的に連携協力するための組織改編としていくことが必要である。この再編の流れの中で，社会教育と生涯学習そのものの概念の混乱という副産物が生じた。従来から社会教育行政が提供してきた学習機会の提供等が生涯学習振興施策の中心であったた

1：都道府県では，教育委員会に生涯学習担当部署を置いてその一部が社会教育担当である例が多いが，逆に教育委員会の社会教育担当部署の一部が生涯学習担当である例や，教育委員会に社会教育担当部署を知事部局に生涯学習担当部署をそれぞれ置いている例もあり，完全に整理されているとはいえない状況である。

め，「生涯学習≒社会教育」「生涯学習＝社会教育の新たな名称」と考えられるケースが生じたのである。もともと，生涯学習社会を築いていこうとの考え方の基本には，学校，地域住民，家庭が連携協力することが含まれており，それを実施に移すには，教育委員会のみでなく首長部局を含むあらゆる行政機関の関与が必要である。また，生涯学習社会を築くという考え方は包括的・理念的な要素が強い概念であり，社会教育がその中核を占めるとはいえすべてをカバーすることはできない。この結果，関係部局のより密接な連携を行うために，社会教育をその重要な構成要素として包含するものの教育の範疇のみに収まらない生涯学習支援を担当する部局を，実質上そのまま首長部局に移管するなどの例が出てきたのである（2012（平成24）年には，30を超える市町村の生涯学習・社会教育担当は首長部局のみに置かれている）。

　こうした社会教育行政の首長部局への移管の事例は，社会教育にとって消極的な意味を持つものと積極的な意味を持つものがある。消極的なケースとしては，地方自治体が社会教育の重要性が相対的に低下したと考えた結果，能率的な事務処理を促進し，財政上の要請から組織をスリム化するための移管を行うものである。積極的なケースとしては，社会教育行政が培ってきたネットワークやノウハウを，当該自治体の重要かつ総合的な行政目的，たとえばまちづくりや子育て支援等のために活用するための移管を行うものである。後者の場合，総合的な行政の推進の中で社会教育が役割を発揮できること，予算的にも首長の後押しなどを受けて増加することが期待できるなどのメリットがあると考えられる。社会教育行政の首長部局への移管が行われる場合には，社会教育の有する専門性や意義が生かされる形での移管であるかによって，社会教育行政の他部局への吸収なのか，発展的な移管になるかの分水嶺になる。また，社会教育が学校教育と並んで共に教育委員会で担われているということが，両者とも「教え育む」という教育的価値の実現を目指しているからであることを考えると，地方自治体の行政目的の実現のために社会教育行政を教育委員会から首長部局に移管することが適切かという観点も考える必要があるだろう。

　これまで述べてきたように，社会教育と学校教育は多くの点で異なる特性を持っている。社会教育が学校教育と同じことをしようとするのは予算・人員上

無理があるし，そのようなことは想定されていない。社会教育は学校教育に比すると，よく言えば柔軟性があり，悪く言うと何をやってもよく，何もしなくても当座は困らないものであるかもしれない。また，社会教育はシステム全体が自由度の高いものとして設計されており，教えるべき内容について学校教育とは異なり明確な基準は存在しない。しかしだからこそ，教育基本法第12条が規定する個人の要望と社会の要請に応えるため，社会教育行政関係者は，住民のニーズの吸い上げ，地域の課題の把握，地域の学習資源の把握，学習の組織化，学習グループの形成等といった幅広い取り組みを創意工夫を凝らしながら行ってきたのである。今後，社会教育が，学校教育とは異なる特性を生かしつつ各地域でより積極的な取り組みが展開される中で，人と人，人と地域，地域と地域を結びつけ，地域課題の解決に中心的な役割を果たし，まちづくりの中核になることが求められている。

VII章　生涯学習支援における図書館の役割

1. 生涯学習と図書館

　図書館とは，図書，雑誌・新聞，パンフレット，視聴覚資料，電磁的記録（DVD，CD）等の資料や情報を，司書等の専門的職員が中心となって，収集・整理・保存し，閲覧・貸出・複写・レファレンスサービス等によって提供する組織で，公立図書館，学校図書館，大学図書館等の種類がある。
　近年，インターネット上で公開される電子化された資料や情報（以下，ネットワーク情報資源という）が増加しているため，図書館でも，インターネットにアクセス可能なパソコンの提供，ネットワーク情報資源の探索・利用方法の案内，図書館のウェブサイトを通じた各種の情報の発信等が行われている。これらの電子化された資料や情報を提供するサービスを包括して電子図書館サービスという。印刷資料とネットワーク情報資源を組み合わせて一緒に利用できる図書館をハイブリッド図書館という。
　図書館には，さまざまな役割がある。まず，人々の読書と学習に必要な資料を収集し，人々が求める資料や情報を案内し，探索して提供することによって，人々の読書と学習を支援することである。特に，図書館は，個人で利用できるため，読書と個人学習に適しており，関係機関と連携・協力することによって，豊かな読書と専門的な学習を支援することができる。次に，日本国内のさまざまな人々，世界各国のさまざまな人々が出版・刊行した資料や情報を収集し，広く人々に提供することによって，地域を超え，国境を越えた知識の流通・伝播・普及を促進することである。これによって，人々は，自国や世界の事情と人々の考え方を知ることができる。さらに，過去の時代に出版・刊行された資

料を収集・保存し，次の時代の人々に提供することによって，世代間の文化的・知的遺産の蓄積と継承を行うことである。これによって，人々は過去の時代の人々の知識を学び，それに新しい知識を加えることができる。

このほか，図書館は，資料や情報の利用が困難な障がい者や高齢者に対して，資料と情報を提供する役割を持っている。障がい者に対するサービスでは，視覚障がい，聴覚障がい，身体障がい等の障がいの種類に対応した資料・情報，サービス，設備を提供している。

人々が図書館を利用するには，読書と情報探索の二つの能力が必要である。読書の能力は必要な資料を読むために，情報探索の能力は必要な資料を探すために必要である。そのため，児童や生徒に対しては，読書習慣を育成するための取り組みを行い，各館種の図書館では，利用者が情報探索の能力を身に付けることができるように，さまざまなサービスを行っている。これらの能力は，日常生活や学習，仕事において重要な役割を果たしており，図書館以外の場でも学んだり，活用したりすることができるが，その育成において図書館の果たす役割が大きい。

以上のように，学習には，図書，雑誌・新聞，パンフレット等の印刷資料とネットワーク情報資源が不可欠であり，これらを利用することによって学習が行われる。図書館はそれらを提供することによって，学習を支援することができる。

2．図書館の種類

図書館は，設置者，設置の目的，想定する利用者等によって，公立図書館，私立図書館，学校図書館，大学図書館，専門図書館，国立図書館の六つの館種に分かれる。全館種の図書館について包括的に規定した法律はない。一部の館種を除いて，図書館に関する個別の法律で，各館種の図書館の設置，運営，サービス等の基本的事項が定められている。公立図書館と私立図書館は図書館法，学校図書館は学校図書館法，国立国会図書館は国立国会図書館法で定められている。大学図書館は，学校教育法施行規則，大学設置基準で定められている。

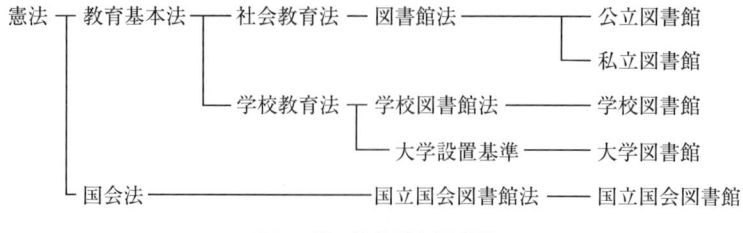

```
憲法 ─┬─ 教育基本法 ─┬─ 社会教育法 ─── 図書館法 ─┬─ 公立図書館
      │              │                             └─ 私立図書館
      │              └─ 学校教育法 ─┬─ 学校図書館法 ─── 学校図書館
      │                             └─ 大学設置基準 ─── 大学図書館
      └─ 国会法 ──────────────────── 国立国会図書館法 ── 国立国会図書館
```

Ⅶ-1図　法体系と図書館

　専門図書館一般について定めた法律はないが，一部の専門図書館は法律で規定されている。地方議会図書室は地方自治法で，視聴覚障害者情報提供施設（施設の名称は点字図書館等である）が身体障害者福祉法で定められている。

　各館種の図書館について定める個別の法律は，Ⅶ-1図のように異なる法体系に属している。図書館法の名称の「図書館」は，通常「図書館一般」という意味で用いられるが，その対象は公立図書館と私立図書館である。

　公立図書館と私立図書館は，社会教育法第9条で「社会教育のための機関」として規定された社会教育施設で，一般の人々（図書館法では「一般公衆」）を対象に広く公開されている。

　公立図書館は，地方公共団体が設置し，都道府県立図書館と市区町村立図書館からなる。あらゆる分野の資料を収集し，図書館の中では最も身近で，乳幼児から高齢者まですべての人々が利用することができる。図書館法では「公立図書館」という用語を用いているため，本来は「公立図書館」と呼ぶべきであるが，一般には「公共図書館」と呼ぶことが多い。以下では，図書館法で定める公立図書館に対して「公立図書館」の用語を用いる。

　私立図書館は，一般財団法人または一般社団法人が設置する。一般の人々に広く公開され，公益に資するように運営される点は公立図書館と同じであるが，入館料等の料金を課すことができる点等で異なる。幅広い主題の資料を収集する図書館と特定分野の資料を収集する図書館があり，前者は公立図書館に近い性格を持ち，後者は専門図書館に分類されることが多い。

　これ以外の学校図書館，大学図書館，専門図書館は，特定の利用者を対象に設置主体の目的の実現に必要な資料を収集する。

学校図書館は，小・中・高等学校等が設置し，学校教育に必要な資料を収集し，児童・生徒と教員が利用する。学校には学校図書館の設置が義務付けられている。日本の学校図書館は約3万である。近年，児童・生徒の精神の健全な発達，読書力や学力の向上の観点から重視され，図書資料や専門職員の充実が図られている。

　大学図書館は，4年制大学，短期大学，高等専門学校が設置する図書館からなる。大学の教育と研究に必要な資料を収集し，学生と大学教員が利用する。大学には大学図書館の設置が義務付けられている。日本の大学図書館は，4年制・短大併せて約900館である。

　専門図書館は，企業や各種団体が設置し，その専門分野に関する資料を収集し，主に設置機関の会員や職員が利用する。雑誌，教科書，地図等，特定の種類の資料を中心に収集する専門図書館もある。広く専門分野の関係者や一般の人々に公開されている図書館も多い。

　国立図書館は，国内の全出版物を網羅的に収集し，その書誌情報を作成し，それをもとに国民と各館種の図書館に対するサービスを行う。日本の国立図書館として，国立国会図書館があり，国立図書館と国会図書館の役割を兼ねているが，これは米国の議会図書館にならったものである。同館は，わが国最大の図書館で，蔵書は1,000万冊を超える。国会・国会議員，行政・司法各部門，日本国民をサービス対象としている。国内出版物すべてが納本され，全国書誌や雑誌記事索引を刊行し，全国の図書館に対して所蔵資料の貸出とレファレンスサービスを行い，全国の各種図書館を支援している。最近は蔵書の電子化と国・地方公共団体等が提供するネットワーク情報資源の複製・保存を進めている。

　図書館は，サービスの向上と運営の効率化のために，日常的に連携・協力している。その中心は資料の相互貸借と書誌情報の提供である。このため，図書館は未所蔵の資料も提供することができる。館種別の連携・協力が地域，全国規模で形成され，それを国立国会図書館が支援している。

　公立図書館，私立図書館以外の図書館は，法律上は社会教育のための機関ではないが，それぞれ人々の学習を支援する役割を担い，公立図書館との相互協

力も行っている。したがって，生涯学習を支援する機関と考えることができる。特に，国立国会図書館の果たす役割はきわめて大きい。

　図書館には専門的業務を行う専門職員が必要である。図書館法で，公立図書館，私立図書館の専門的職員の資格として司書・司書補が定められている。各館種の図書館の中で図書館専任の専門職員について法律で定めているのは公立図書館と私立図書館のみである。学校図書館法で定める司書教諭は，学校図書館の専門的職務を掌るが，あくまで教諭であり，学校図書館の専任とは限らない。学校図書館には，司書有資格者を中心に事務職員等が配置されており，「学校司書」と呼ばれることが多い。他館種の図書館では，図書館情報学の履修者や司書・司書補有資格者が配置されることが多い。欧米の各館種の図書館では，図書館情報学の専門教育を受けたライブラリアン（librarian）と呼ばれる専門職員が配置されている。

3．新しい公立図書館像

　公立図書館では，1960年代中頃から貸出サービス中心の運営が行われ，住民に親しまれるようになり，利用者数と貸出冊数が飛躍的に増加した。その結果，図書館サービスの評価は主に貸出冊数によって行われるようになった。このため，司書の労力の多くが貸出サービスに投入され，レファレンスサービスに十分取り組むことができず，レファレンスサービスは利用者に広く知られるには至らなかった。

　産業構造や人々の生活の変化によって，人々の関心や要求が多様化し，経済の低成長，人々の高齢化によって，個人や地域社会がさまざまな課題に直面するようになった。公立図書館に対しても運営の効率化と地域社会に対する貢献が求められるようになった。貸出中心の図書館ではこのような社会の変化に対応できなかったため，公立図書館では，1990年代以後，レファレンスサービスに対する関心が高まり，2000年代以降，ビジネス支援，健康・医療情報サービス等の新しいサービスが取り組まれてきた。

　2004(平成16)年7月，これからの社会における公立図書館の在り方を検討す

るために，文部科学省生涯学習政策局にこれからの図書館の在り方検討協力者会議が設置された。同会議は，2006(平成18)年3月，図書館改革の取り組みを全国の図書館に広げるために，『これからの図書館像～地域を支える情報拠点をめざして～（報告）』[1]を発表した。

2008(平成20)年，教育基本法の改正を受けて，社会教育法，図書館法，博物館法が同時に改正された。図書館法の主な改正点は次のとおりである。①図書館サービスの留意事項として家庭教育を加える。②社会教育における学習の成果を活用して行う教育活動の機会の提供を図書館サービスに加える。③司書資格を得るために大学で履修すべき科目を文部科学省令で定める。④文部科学大臣は，図書館の設置及び運営上望ましい基準を定め，これを公表する。⑤図書館による図書館の運営状況の評価及びそれに基づく改善措置並びに地域住民等に対する情報提供の努力を義務付ける。⑥文部科学省及び都道府県教育委員会による専門的職員の研修の努力を義務付ける。

2012(平成24)年8月，同会議は，公立図書館と私立図書館の在り方に関する「図書館の設置及び運営上の望ましい基準の見直しについて「『これからの図書館の在り方検討協力者会議』報告書」を発表し，文部科学省は，同年12月，「図書館の設置及び運営上の望ましい基準」（平成24年文部科学大臣告示第172号）（以下，「望ましい基準」という）[2]を公示した。公立図書館については，『これからの図書館像』や図書館法改正の内容が取り入れられ，次のような事項に努めること等が定められている。①これからの社会は知識基盤社会であり，知識や情報が重要になる。②司書の確保と資質・能力の向上に十分留意する。③社会の要請に十分留意して，基本的な運営方針，適切な指標，目標，事業計画を策定する。④それらに関する自己点検・評価を行い，必要な改善措置を講

1：これからの図書館の在り方検討協力者会議．"これからの図書館像～地域を支える情報拠点をめざして～（報告）"．WARP．2006-03．http://warp.da.ndl.go.jp/info:ndljp/pid/286184/www.mext.go.jp/b_menu/houdou/18/04/06032701.htm, (参照 2013-07-24).

2：文部科学省生涯学習政策局社会教育課．"図書館の設置及び運営上の望ましい基準（平成24年文部科学大臣告示第172号）"．文部科学省Webサイト．http://www.mext.go.jp/a_menu/01_l/08052911/1282451.htm, (参照 2013-07-24).

じ，その内容を積極的に公表する。⑤資料収集方針を作成し公表する。⑥商用データベースの導入，テーマ別資料案内の作成，インターネットアクセス環境の提供等情報サービスを提供する。⑦郷土資料，地方行政資料の電子化を行う。⑧情報活用能力の向上のための学習機会を提供する。⑨地域の課題に対応する各種サービスを実施する。⑩危機管理のための十分な措置を講じる。⑪図書館の指定管理に際しては，事業の継続的・安定的実施，水準の維持・向上，司書の確保等を図る。⑫図書館長は，図書館運営と行政に必要な知識と経験，司書資格を持つことが望ましい。私立図書館については，図書館法の規定をもとに，図書館の運営とサービスの基本に関する望ましいあり方が示されている。

『これからの図書館像』では，図書館における改革の取り組みの成果をもとに，これまでの貸出サービスに加えて，地域の課題解決の支援に取り組むことを提案している。サービス方法として，図書のほか，雑誌・新聞記事，パンフレット・チラシ等の多様な資料の提供，レファレンスサービスの充実，IT技術（インターネット等）の活用，講座・セミナー等の開催，関連機関・団体との連携・協力を提案している。貸出はこれまで通り重要なサービスである。図書館経営の方法として，経営方針と資源配分の優先順位等の見直し，専門職員の適正配置，機械化による省力化，他機関との連携・協力，一部業務の委託等による運営の効率化を提案している。

日本の公立図書館は，これまで，主に「趣味や娯楽のために本を借りるところ」と見なされてきたが，この報告はその打破をめざしている。このような図書館があれば，地域の人々や団体は，司書の援助を得て，必要な情報を迅速に入手し，効率的な学習や調査研究を行うことができる。それによって必要な知識を入手し，それをもとに適切な意思決定を行い，ひいては，地域社会の課題解決や活性化に寄与することができる。

これまで，都道府県立図書館等の大規模な図書館が改革に取り組み，未実施の図書館には可能な範囲で取り組むことが求められている。予算，職員等が不十分な図書館でも，その力量に応じて取り組むことができる。正規職員に司書が少ない図書館では，非正規職員に司書有資格者を確保し，研修を通じて能力の向上を図る。資料費が不十分な図書館では，資料や情報の案内サービスに力

を入れる。予算が少ない図書館では、図書館の現状に合った目標を設定し、その実現をめざして段階的に努力することができる。

4．公立図書館の基本的役割

　図書館法では、公立図書館と私立図書館の基本的な役割について、一般の人々の教養、調査研究、レクリエーション等に役立つことを目的とし（第2条）、地域の事情と一般の人々の希望に沿い、学校教育を援助し、家庭教育の向上に役立つように留意し、各種の図書館サービスの実施に努めなければならない（第3条）ことが定められている。図書館の目的として「調査研究」が挙げられ、図書館サービスでは、図書館資料の「利用のための相談」や「時事に関する情報及び参考資料」の紹介と提供が挙げられている点が重要であるが、これまで十分認識されてこなかった。

　国際的な宣言として、「ユネスコ公共図書館宣言1994」[3]があり、公立図書館の社会的意義と運営の原則を定めている。「社会と個人の自由、繁栄および発展は人間にとっての基本的価値」であり、それは「十分に情報を得ている市民」が民主的権利を行使し、社会において積極的な役割を果たす能力によって達成されることを明らかにし、公立図書館を「あらゆる種類の知識と情報をたやすく入手できるようにする、地域の情報センター」、個人と社会集団の生涯学習と意思決定等のための基本的条件を提供する機関として位置付けている。公立図書館の使命として12項目を挙げ、財政・法令・ネットワーク、運営・管理等の原則を簡潔に解説している。公立図書館に関する基本的な事項が包括的に盛り込まれており、きわめて重要な宣言である。

　公立図書館については、文部科学省[4]や日本図書館協会[5]によって、全国的な統計調査が行われている。2011（平成23）年4月現在の全国の公立図書館数は

3：ユネスコ．"ユネスコ公共図書館宣言1994"．IFLAWeb サイト．http://archive.ifla.org/VII/s8/unesco/japanese.pdf，（参照 2013-07-23）．
4：文部科学省生涯学習政策局調査企画課編『社会教育調査報告書』文部科学省，（3年に1回刊）．

3,190館で，都道府県立図書館の設置率は100％（知事部局所属の図書館を含む），市区立図書館の設置率は98％，町村立図書館の設置率は53％である。町村立図書館の設置率はまだ低く，町村における図書館の振興が求められている。市区町村立図書館の2010(平成22)年度の人口一人あたりの館外個人貸出冊数の平均は5.5冊である。2011年4月現在の専任職員数は約11,700人で，司書有資格者の占める比率は約52％である。このデータを2001年度4月現在及び2000年度のデータと比較すると，図書館数は約1.2倍，貸出冊数は約1.3倍に増加しているが，専任職員数と資料費（予算）は減少している（『日本の図書館』2001，2011年版）。

　公立図書館の利用は，利用者が利用料金の負担を考慮しなくてよいように，無料でなければならない（図書館法第17条）。これが公立図書館の最も重要な要件である。無料制の公立図書館は19世紀半ばに英米で成立した。わが国では，東京市立日比谷図書館が，明治41(1908)年に開館し，明治43年には全国で374館の図書館が存在したが，図書館法制定以前の戦前・戦後の公立図書館の大部分は有料で，無料となったのは昭和25(1950)年の図書館法制定によってである。そのため，図書館法制定以前の日本の公立図書館は，無料制の「近代公共図書館」ではないと言われている。

　図書館法制定後，公立図書館では，開架，移動図書館，レファレンスサービスなどが取り組まれたが，その後，団体貸出や読書運動に重点を置くようになり，利用は伸び悩んだ。昭和45(1970)年の『市民の図書館』（日本図書館協会）の出版等を契機に，貸出サービスと児童サービスに力を入れることによって，経済の高度成長による予算の増加と相まって，利用が大幅に増加し，図書館数も増加して，公立図書館は発展してきた。

　公立図書館の最も基本的なサービスは貸出サービスとレファレンスサービスである。貸出サービスは，利用者が求める図書を自宅などで読むことができるようにするサービスである。レファレンスサービスは，図書館利用者の質問に答えて，図書館や資料の利用方法を案内し，利用者が求める特定の情報や資料

5：日本図書館協会図書館調査事業委員会編『日本の図書館―統計と名簿』日本図書館協会，
　　(年刊)．

を探し出して提供するサービスである。これまでは，貸出サービスが中心で，レファレンスサービスは不十分であったため，近年，その充実をめざして努力が行われている。

このほか，多様な利用者に対応するサービスとして，児童（乳幼児を含む）・青少年サービス，高齢者サービス，障がい者サービス，多文化サービスが行われており，さらに，地域の課題に対応するサービスとして，子育て支援，学校教育支援，行政支援（政策立案支援），ビジネス支援（地場産業支援），健康・医療情報の提供，法律情報の提供等があり，それぞれ地域の課題解決に必要な資料・情報の提供を行っている。

資料・情報を提供するには，それを収集・組織・保存する必要がある。資料の充実のためには，資料費の確保に努めるとともに，他の図書館と連携・協力して効率的な収集・保存を行う必要があり，従来の印刷資料だけでなく，ネットワーク情報資源へのアクセスにも配慮する必要がある。

公立図書館に関しては，市区町村立図書館―都道府県立図書館―国立国会図書館のネットワークが形成されており，市区町村立図書館にない資料は都道府県立図書館から，都道府県立図書館にない資料は国立国会図書館から貸出される。公立図書館未設置の町村では，公民館図書室が図書館に代わる役割を果たすことができるため，今後は公民館図書室の充実が期待される。そのほか，学校に対する支援を行い，大学図書館との資料の相互貸借等を行っている。

公立図書館は，読書会，研究会，資料展示会等の主催と奨励に努める（図書館法第3条第6号）。地域の関係機関や社会教育施設が講座・セミナー等を行う場合，これらの機関や施設と連携・協力し，そのテーマに関する資料や情報を紹介することによって，図書館資料の利用者を増やし，学習の効果を上げることができる。このほか，資料や情報を利用する人々の交流のための機会や，「社会教育における学習の機会を利用して行った学習の成果」を活用して行う教育活動等（第3条第8号）の場を提供することもできる。

公立図書館では，地域住民の人々がボランティア活動を行うことができるため，ボランティアの養成を行うとともに，積極的にボランティア活動の機会を提供している。これは，社会貢献とボランティアの自己実現のために行うもの

で，職員の不足を補うためのものではない。

5．公立図書館と情報技術

　インターネット等の情報技術が急速に発達して広く利用され，大量の多様なネットワーク情報資源がインターネット上で公開されている。スマートフォンの普及によってネットワーク情報資源が日常的に利用されるようになり，最近では，電子書籍とその専用端末の発売が進んでいる。

　二次資料（参考図書，書誌・索引等）は，従来は図書館でしか利用できなかったが，現在，その多くが無料・有料のデータベースとして公開されている。民間の図書館蔵書検索サイト「カーリル」では，公立・大学・専門図書館合計6000館以上の所蔵と貸出状況を知ることができる。文献の探索に関しては，国立情報学研究所のサイニー（CiNii），国立国会図書館のNDLサーチ等の検索システムが便利であり，新聞記事データベース等の各種のデータベースも増加している。

　一次資料（図書や雑誌記事）の公開も広がりつつある。大学図書館では，機関リポジトリで，その大学の教員等の著作である学術論文等を公開している。民間の電子図書館である「青空文庫」では，著作権保護期間が終了した図書の全文をインターネット上で公開しており，誰でも利用できる。

　このため，公立図書館に対して次のような新しい役割が求められている。①ネットワーク情報資源等の利用機会を提供するために，利用者用インターネット端末を整備する，②低所得者，高齢者，障がい者等にインターネット端末の利用機会を提供する，③リンク集やパスファインダー（テーマ別資料案内）等の整備によって，ネットワーク情報資源の利用を促進する，④利用者の調査研究を促進するために商用データベースを提供する。⑤郷土資料，地方行政資料や専門的コレクション等の内容を電子化し，ウェブサイトで公開する，⑥利用者がこれらの情報資源を活用する能力を身に付けられるように情報活用能力の学習機会を提供する。

6．公立図書館の管理・運営

　公立図書館は，地方教育行政の組織及び運営に関する法律によって地方公共団体の教育委員会が所管することが定められている。教育委員会における公立図書館の位置は，地方公共団体によってさまざまであるが，公立図書館の振興のためには，その地位を高めることが重要である。まだ少数ではあるが，最近，地方公共団体の首長が公立図書館について直接指示できるように，首長部局の所管となる公立図書館が増加している。

　図書館運営の責任者は図書館長である。図書館長は，図書館の運営及び行政に必要な知識・経験を持つとともに，司書の資格を持つことが望ましいとされている（望ましい基準）。

　地域の住民の意向を反映するために図書館協議会を設置することができる。これは，住民参加の場にとどまらず，学校教育・社会教育関係者の連携・協力を進めるための場としても活用することができる。

　地方公共団体の財政事情の悪化の中で，予算の確保のために，公立図書館はさまざまな努力を行っている。プロジェクトの資金，地域の人々や団体の寄付金，広告収入の獲得をめざすとともに，地方公共団体の管理部門や首長，議員の理解を得るための広報が行われている。利用者の獲得と対外的なアピールのため，広報がますます重要になっている。

　他方，運営の効率化のために，サービスの方針や優先順位，職員配置の見直し，一部業務の外部委託等の検討等が行われている。正規職員の削減の結果，貸出・返却・配架等の定型的業務を非正規職員の担当とする，あるいは民間企業に委託する図書館が増えている。これによって，専門的職務と非専門的職務の区分が進み，少ない専門的職員で図書館を運営できるようになった。他方，専門的職員が担当すべき職務を非正規職員が担当する場合も生じており，正規職員の司書の確保が必要である。

　公立図書館は，自館の運営状況を評価し，その結果をもとに運営の改善を図り，地域住民等に運営状況に関する情報を積極的に提供し（図書館法第7条の

3，第7条の4），基本的運営方針を策定し，それに基づく運営を行い，定めた目標や事業計画の達成状況について自己点検・評価を行うよう努めること（望ましい基準）が定められている。今後は，より客観的な評価を得るために，質的評価のための評価基準の作成や外部評価機関の確立が求められる。

　2003(平成15)年，地方自治法が改正されて指定管理者制度が導入され，公立図書館の運営を民間団体（民間企業を含む）が受託できるようになった。指定管理者が運営する図書館は徐々に増加しているが，公立図書館の約1割にとどまっている。これらの図書館では，コスト削減が重視されることが多いため，経験ある司書の不足，地域や行政機関との連携の不足，サービス向上のためのインセンティブの欠如等の問題点が指摘されている。

7．専門的職員としての司書

　司書・司書補は，公立図書館，私立図書館の専門的職員の資格である（図書館法第4条第1項）。司書資格は，司書となる資格であり，司書として発令されて，初めて司書となる。この資格を持つ人を司書・司書補有資格者という。

　図書館法では，「司書は，図書館の専門的事務に従事する」（第4条第2項），「司書補は，司書の職務を助ける」（第4条第3項）ことを規定している。正規職員の司書・司書補は，従来は，非専門的職務を含む図書館業務全般を担当していたため，その必要性が十分認識されなかったが，最近は，専門的職務を中心に担当するようになってきている。現在では，司書には，図書館業務に関する知識に加えて，IT技術，経営管理能力，社会の変化や地方公共団体の行政に関する知識，地域の関係機関と連携・協力するための広い視野と行動力が必要になっている。

　図書館法第5条では，司書・司書補となる資格について定めており，2008(平成20)年に改正された。現行の規定の概要は下記のとおりである。司書となる資格を得る方法には，①大学卒業＋大学における図書館に関する科目の履修，②大学卒業または高等専門学校卒業＋司書講習の修了，③司書補の経験3年以上＋司書講習の修了等の3種類がある。司書補となる資格を得る方法には，学

校教育法第90条第1項の規定により大学に入学することのできる者（高等学校卒業等）＋司書補講習の修了等がある。

　このうち，司書の養成は，大学の司書課程，専攻科（図書館・情報学専攻等），司書講習の三つの場で行われている。大学で履修する図書館に関する科目や司書講習の科目とその単位数は，図書館法施行規則（文部科学省令）で定められている。1950（昭和25）年に制定され，1968（昭和43）年，1996（平成8）年，2009（平成21）の3回改定されている。司書資格を得るために必要な単位数は，15，19，20，24と，徐々に増加してきたが，専門職となるためにはまだ十分ではない。

　これからの図書館の在り方検討協力者会議は，2009年2月に「司書資格取得のために大学において履修すべき図書館に関する科目の在り方について（報告）」[6]を発表し，新しい科目案とともに，次の点を提案している。①図書館に関する科目は，その後，さらに専門的な知識・技術を身に付けるための入口である。②図書館職員は，資格取得後も，研修等の機会を通じて，学習を積み重ねることが重要である。特に，これまでの司書有資格者は，新科目について，科目等履修生，司書講習，通信教育を活用して学習することが期待される。③図書館業務に関する知識・技術だけでなく，その基礎となるさまざまな分野の知識や主題専門分野の知識を持つことが必要である。これらは，司書の能力を高めるための解決策として効果的と考えられるため，実現に向けた図書館関係者の努力が期待される。

　図書館法では，「公立図書館に館長並びに当該図書館を設置する地方公共団体の教育委員会が必要と認める専門的職員，事務職員及び技術職員を置く」ことを定めている（第13条第1項）。この条文は，地方公共団体による司書・司書補の配置を期待するものであるが，配置を義務づけたものではない。全国の公立図書館の正規の専任職員の約半数が司書で，司書として採用された者と司

6：これからの図書館の在り方検討協力者会議．"司書資格取得のために大学において履修すべき図書館に関する科目の在り方について（報告）"文部科学省Webサイト．http://www.mext.go.jp/component/b_menu/shingi/toushin/__icsFiles/afieldfile/2009/09/16/1243331_2.pdf．(参照 2013-07-24)．

書資格を持つ事務職からなっている。

　文部科学省は，1997（平成9）年度まで，地方公共団体が公立図書館建設補助金を受ける場合の条件として，人口に比例した人数の司書の配置，図書館法第13条第3項に基づく司書有資格館長の配置を義務づけていた。しかし，国の地方分権・規制緩和政策のため，1997年度限りで公立図書館建設のための補助金が，1999年には図書館法第13条第3項が，2000年には公立図書館の最低基準がそれぞれ廃止された。

　図書館関係者は，地方公共団体に対して，司書を事務職とは別枠で正規職員として採用し図書館に配置する制度（司書職制度）の採用を求めてきた。この制度があれば，図書館には必ず司書が配置され，司書は継続して図書館で働くことができ，知識と経験の蓄積が可能になる。しかし，実際にはあまり普及していない。この背景には，レファレンスサービス等の専門的なサービスが十分行われていない図書館があること，人事政策上の問題点として，地方によっては司書の人材が得にくい場合があり，小規模自治体では司書の人事異動が困難なことがある。これに対しては，司書を配置する制度がなくても，利用者から司書の配置を求められるように専門的サービスを推進すること，広く人材を確保するための努力と社会教育施設や関連部局との人事交流が必要である。

　館種が異なっても，図書館業務には技術面で共通する点が多いため，大学，学校，専門各図書館の職員として司書有資格者を採用する場合がある。この場合，司書資格は，各館種の図書館専門職員に共通する基礎的資格の役割を果たしていることになる。これは，他館種の図書館の専門職員の資格が存在しないためであり，各館種の図書館の本質に関する理解が不足する場合がある。本来は，各館種の図書館職員の資格の確立が必要である。

8．社会教育施設としての公立図書館

　図書館は，学習に必要な資料や情報を提供するため，今後，社会教育における役割はさらに重要になると思われる。図書館は，図書館だけの発展をめざすのではなく，他の社会教育施設と連携・協力して，社会教育全体としての発展

をめざし，その中心を担うべきである。

　社会教育における学習と図書館利用の関係は十分理解されていない。人々が学習する場合，図書・雑誌・新聞等の資料だけで学習したり，逆に，これらの資料を読まずに学習したりすることは少ない。図書・雑誌・新聞を読むとともに，同じ関心を持つ人々の間で話し合い，情報や意見を交換し，さらに，関係者の話や専門家の講演を聞いて学習することが多い。このように，図書・雑誌・新聞を読むこと，図書館を利用することは学習の一部であり，上記のように，学習全体の理解が必要である。しかし，図書館関係の文献では，図書館資料の利用のみを扱うことが多い。

　このことは，図書館利用に関する用語にも現れている。図書の利用を，図書館利用者は「読書」と表現し，図書館職員は「貸出」と表現することが多く，図書館の利用者や職員が，図書館利用を「学習」と考えることは少ない。このため，公立図書館の利用者も学習を行っているにもかかわらず，そのことが社会教育の他の領域に伝わりにくい。このことが図書館と社会教育の間の壁となっていると思われる。

　今後，公立図書館では，次のような取り組みが必要である。第一に，社会教育施設，特に公民館と図書館，博物館と図書館の間で，連携・協力を進めるべきである。図書館は，公民館や博物館の事業に関連する図書館資料の展示や資料リストの配布を行うことができる。協同して講座や展示等の事業を行うこともできる。公民館や博物館に図書室がある場合は，これらの図書室と公立図書館との連携・協力を進めることが望ましい。第二に，図書館職員は，そのために，各自治体や教育委員会の内部で，他の社会教育施設職員，行政職員に対して，図書館が果たすことができる役割について説明し，相互理解と交流を進めるべきである。第三に，図書館では，図書館の利用は住民による学習の一環であることを明確にし，利用の数量だけでなく，内容も広報するべきである。

　図書館関係の組織は，図書館関係者だけから構成されることが多く，他の社会教育関係者や自治体行政関係者と交流する機会が少ない。そのため，公民館，博物館や社会教育行政との相互理解や連携が不十分になり，自治体行政との関係も密接ではない。司書の養成教育においても，社会教育や自治体行政に関す

る学習が不足している。これらの点は，図書館職員に対する「行政に疎い」という批判の原因の一つになっていると思われるため，改善の必要がある。1996（平成8）年の改正で，司書の養成科目において「生涯学習概論」（1単位）が必修になり，2009（平成21）年の改正で2単位に拡大されたが，このことには大きな意義がある。

9．今後の課題

　公立図書館に関しては，町村等の図書館未設置地域の解消や都道府県間の地域間格差の是正のための図書館振興策が課題となっている。地域社会の課題解決を支援するサービス，電子メディア等のメディアの変化への対応が取り組まれているが，今後，さらに情報化の進展が予想され，一層の取り組みが求められている。

　これまでも，情報化が進展すると，図書館が必要なくなるという議論があったが，図書館は，社会の変化に対応して存続し続け，その役割はますます重要になってきている。ただし，資料や情報の提供は，出版社や書店，新聞・テレビ等のマスコミ関係企業，インターネット関係企業や情報サービス産業等も行っており，図書館はその一部を担っているのである。したがって，図書館は，これらの産業の変化に注目し，その変化に対応して，図書館が担うべき「公益に資する」使命を検討し，図書館にふさわしい使命を選ぶことが必要である。社会教育や生涯学習については，社会教育の他の分野と連携・協力し，社会教育と生涯学習に貢献することが必要である。これらの課題を解決するためにも，新しい図書館像の実現が必要である。

Ⅷ章　生涯学習支援における博物館の役割

1．博物館の現状

（1）博物館と生涯学習支援

　日本において，博物館は社会教育施設の一つとして，生涯学習を支援する役割を担っている。そもそも，イギリスの大英博物館やフランスのルーブル美術館に代表される近代以降の博物館は，それ以前の王侯貴族や学者，商人などによって収集された私的なコレクションとは異なり，そのコレクションが一般に公開されるという点で公共的な性格をもっている。そうした施設においては，単に，一般の人々が鑑賞できるというだけでなく，そのコレクションを社会における教育やレクリエーションのために活用することが早くから取り組まれてきた。近代以降の公共博物館がもつ教育的な役割は，日本に限らず，博物館の普遍的な性格といえる。

　日本では，1980年代以降，生涯学習に関連する施策の展開の影響もあって，博物館においても，積極的な生涯学習支援への取り組みが期待されるようになっている。そのなかで，博物館における教育や学習支援のあり方についても，議論が積み重ねられてきており，平成24年度からは，大学における学芸員養成のための科目として新たに「博物館教育論」が設置されることとなった。

　博物館において生涯学習支援が実施されるにあたっては，その施設としての特徴が十分に考慮されるべきであり，学校や他の社会教育施設との相違を意識したうえでの，博物館独自の生涯学習支援のあり方が期待される。

（2）博物館とは

博物館は，教育基本法において，図書館や公民館と並んで，「社会教育施設」であるとされ，国及び地方公共団体による設置が奨励されている（第12条第2項）。また，社会教育法においても，博物館は「社会教育のための機関」とされ（第9条第1項），社会教育施設としての博物館の位置づけがこれらの法によって定められている。博物館法においては，さらに詳しく，博物館の目的を，「歴史，芸術，民族，産業，自然科学等に関する資料を収集し，保管（育成を含む。以下，同じ。）し，展示して教育的配慮の下に一般公衆の利用に供し，その教養，調査研究，レクリエーション等に資するために必要な事業を行い，あわせてこれらの資料に関する調査研究をすること」（第2条第1項）としている。

一方で，海外における博物館の定義をみると，その内容やそこに含まれる施設の範囲に多少の差異が見受けられる[1]。しかしながら，学術的および文化的な価値をもつと判断される資料を収集保管し，その調査研究から得られた成果とともに，それらを公開し，展示や教育活動を通して，公衆の利用に供するという点は，どの定義にも共通するといってよいだろう。博物館の生涯学習支援に関わる活動は，この公衆の利用に供する方法の一つとして理解できる。

博物館には多様な種類の施設が含まれ，その分類の仕方も多岐に渡る。代表的な分類の仕方としては，収集保管されている資料の内容による分類，つまり，館種による分類がまずあげられる。一般的に，総合博物館，歴史博物館，美術館，科学館，動物園，水族館，植物園といったような分類がそこではなされる。その際，建築物や遺跡，天然記念物といった屋内で展示することが不可能な資料を，現地保存という方法も含めて屋外で展示する野外博物館といった館種が設定される場合もある[2]。

館種の他には，施設の設置者による分類もある。日本には，国・独立行政法

1：代表的なものに，国際博物館会議（International Council of Museums：ICOM）や，各国の博物館協会による定義がある。そのなかには，博物館に含まれる施設としてプラネタリウムを具体的に列挙しているものなどもあり，その内容や範囲に多少の差異がある。

人や地方公共団体によって設置される国公立博物館の他に，民間で運営される博物館も多数存在する。それらには，一般社団法人，一般財団法人，また宗教法人といった各種の法人や企業，さらには，個人により設置運営される博物館などが含まれる。

　さらに，博物館法においては，そこで定められた手順に従い，当該地域の都道府県の教育委員会による登録を受けた施設のみを「博物館」とすると規定しており，その登録の有無により，登録博物館・博物館相当施設・博物館類似施設といった分類をする場合もある。ここでいう，相当施設とは，登録博物館に準ずる施設として，文部科学大臣もしくは都道府県の教育委員会の指定を受けたものをいい（博物館法第29条），類似施設とはそのいずれにも属さないものとなる。

　平成23年度の文部科学省による社会教育調査によれば，登録博物館，相当施設，類似施設，それぞれの館数は，913館，349館，4,485館となっており，あわせると日本には，6,000館近い博物館が存在していることになる。なかでも，類似施設の館数は登録博物館と相当施設を合わせた館数を大きく上回っている。

　館種別，および，設置者別の内訳は，Ⅷ-1,2表のようになっている。館種別でみると，歴史博物館が最も多く，次いで美術博物館もかなりの割合を占めていることがわかる。設置主体別では，市（区）立の博物館が最も多く，それに町立，都道府県立の博物館が続いている。Ⅷ-2表からわかるように，公立の博物館においても類似施設の館数が登録博物館および相当施設のそれを大きく上回っている。登録や相当の指定を受けない類似施設は，博物館法が適用されない施設であり，日本の多くの博物館は博物館法に則した博物館ではないということになる。これを一つの理由に，博物館法の妥当性がながらく批判の対象となっている[3]。

2：野外博物館に関連するものとして，「エコミュージアム（ecomuseum）」があるが，これはもともとフランスにおいて1970年代に展開された，地域の伝統文化や自然環境を，博物館を中心に地域ぐるみで保存継承し，地域の発展に寄与するという取り組みを指す。それゆえ，具体的な博物館の種類というよりも，博物館運営の理念を示したものと捉える方が妥当といえる。

Ⅷ-1表　館種別博物館数

	総合博物館	科学博物館	歴史博物館	美術博物館	野外博物館	動物園	植物園	動植物園	水族館	計
登録博物館	122	71	326	372	11	1	2	—	8	913
博物館相当施設	21	38	122	80	7	31	8	8	34	349
博物館類似施設	288	363	2,869	635	100	60	113	16	41	4,485
計	431	472	3,317	1,087	118	92	123	24	83	5,747

（文部科学省「平成23年度社会教育調査」をもとに作成）

Ⅷ-2表　設置者別博物館数

	国立	独立行政法人	都道府県	市（区）	町	村	組合	一般社団法人・一般財団法人（特例民法人を含む。）	その他	計
登録博物館	—	—	121	386	57	2	1	311	35	913
博物館相当施設	—	27	34	109	10	2	2	36	129	349
博物館類似施設	125	50	256	2,340	793	133	—	172	616	4,485
計	125	77	411	2,835	860	137	3	519	780	5,747

（文部科学省「平成23年度社会教育調査」をもとに作成）

2．博物館活動と生涯学習支援の関係

(1) 博物館活動における諸機能の一体的展開

　博物館の種類は多種多様であり，その具体的な活動の内容もそれぞれの施設

3：博物館法では，登録可能な施設が設置者によって限定されていることに加え（第2条第1項），登録された公立博物館は，設置者である地方公共団体の教育委員会の所管になることも定められており（第19条），こうした諸条件が登録博物館数の伸びを抑える結果をもたらしているとされる。より多くの博物館が登録可能となるための要件や基準の見直しが，これまで繰り返し喚起されてきている。

によって特徴が異なっている。資料の収集保管，調査研究，展示および教育といった諸活動が博物館の果たすべき主要な役割とされるが，どの活動に力点が置かれるかといった点や，それぞれの活動の関係のあり方にその博物館の特徴が見いだせるといってよい。

　しかしながら，それらの諸活動が一体として機能するということが，博物館であることの前提として求められるのであって，一見，博物館と類似しているようにも見える一般の研究施設や，テーマパーク，商業的なギャラリーといった施設との相違はこの点にある。博物館活動といわれるものは，単に，資料の収集保管や，調査研究，展示および教育といった個々の活動を指すのではなく，博物館資料を核としてそうした諸機能が一体的に展開される活動を意味するものと考えるべきであろう。そして，その諸機能をどのように関係づけていくかが具体的な博物館運営のなかで問われるのであって，その関係の現れ方がそれぞれの博物館の特徴として捉えられることになる。

　たとえば，博物館における資料の収集保管や調査研究活動の成果が，展示や教育活動によって広く一般に公開されるといった一連の過程は，博物館活動の典型的な展開のあり方としてみなされてきた。こうした捉え方からもわかるように，博物館における教育活動の特徴は，博物館資料や博物館に蓄積された情報に基づき，それを活用して展開される点にある。当然ながら，博物館における生涯学習支援についても，博物館活動の一環として実施されるのであり，そうした諸機能の関係性を視野に入れて博物館独自の生涯学習支援のあり方が模索されるべきであろう。

（2）博物館活動の核となる資料

　その際，資料に関わる活動は博物館活動の根幹といえ，その成果が生涯学習支援を含めた他の活動の基盤になる。博物館が収蔵する資料は，学芸員をはじめとする職員による，学術的，文化的な価値の判断に基づいて収集される。博物館では，それぞれの館の特徴や目的に応じて，独自の収集方針が設定されているのが一般的である。収集された資料は，その基本的な情報を台帳などに記録する「登録」といった作業を含む一連の受け入れ手続きを経て，博物館に収

蔵される。その際,博物館職員の学術的な知見に基づいて,体系的な整理がなされることが,その後の資料活用のために不可欠となる。

また,博物館では,実物の資料である一次資料の収集保管に加え,資料の保存や活用のために,複製,模型,写真,拓本,実測図などの製作も実施されており,それらは二次資料といわれる。この二次資料には,一次資料に関連する図書や文献も含まれ,多くの博物館にはそれらを管理するための図書室が備えられている。そうした図書室は,広く一般にも開放されている場合が多く,博物館による生涯学習支援の一つの方法になっている。

こうして収集保管された資料をもとに,博物館では調査研究が実施されており,その成果が情報として蓄積され,図録や報告書といった各種の出版物を通して一般にも公開されている。博物館における教育活動や生涯学習支援は,資料およびそこから得られた情報に基づいて展開されるのであり,その活動は資料に関わる諸活動によって支えられているといってよいだろう。

3. 博物館における教育活動

(1) 博物館における教育活動の方法

博物館における生涯学習支援は,その教育活動[4]を通して主に展開されている。博物館の教育活動はさまざまな形で実施されているが,展示もその一環をなしている。教育には,人と人が対面して行われる直接的な活動の他にも,図書などを介してその意図を間接的に伝えるといった活動もある。展示は博物館特有の教育のためのメディアであり,展示を通じた間接的な教育のあり方は博物館の教育施設としての特徴といえる。

展示は,常設展,もしくは,企画展・特別展の大きく二つに分類される。常設展は,それぞれの博物館が収蔵している資料を中心に構成され,基本的に常時開設されているものをいう。一方で,企画展や特別展は,期間を限定して,

---

4:博物館における教育活動を指すものとして,「教育普及活動」といった用語が使われることも多い。

特定のテーマをもとに企画・構成される展示であり，そのために館外からの資料の借用なども実施される。企画展および特別展のなかには，行政や企業の後援を受ける大規模な巡回展もあり，記録的な来館者数を集めるものもある。一方で，常設展は得てして，そうした企画展や特別展に比べると，大きな注目を集める機会が少ないが，それぞれの館が収蔵している資料を展示しているという点で，よりその館の特徴が現れた展示になっているといえる。館によっては，より多くの収蔵資料を鑑賞できるように，常設展示の内容を比較的短期間に変更するなど，その充実に努めている館も多い。

　博物館における個々の展示には，その内容や情報が来館者に着実に伝達されるようにさまざまな工夫がなされている。資料の配置や，キャプションといわれる説明文，さらには，照明にも博物館職員の細心の注意が払われている。また，情報機器の発達をうけて，展示における情報技術の活用も進んでいる。タッチパネルを用いた展示がかなりの普及を見せている一方で，来館者に館内で携帯可能な小型の端末を配布するような先進的な試みも展開されている。そうした展示には，それぞれの来館者が自らの興味関心に応じて情報を引き出せるという利点がある。情報機器の活用の有無に関わらず，来館者からの働きかけを前提とするような展示を，インタラクティブ展示（interactive display）と総称する場合もあるが，来館者が展示の情報を一方的に受容するのではなく，展示との双方向的な関わりのなかで来館者が主体的に情報を得ることを目的としたものといえよう[5]。

　また，情報技術を用いた博物館の取り組みは館内だけに留まらず，ウェブサイトを通して，積極的に情報を発信するような館も増えてきている。博物館における情報技術の活用は，今後の博物館による生涯学習支援を考えるうえでも大きな可能性を有しているが，情報機器を通じた博物館からの情報の受容を，実際の来館や博物館内での活動にどう結び付けていくかといった点にはまだ課題が残されている。

5：ハンズオン展示（hands-on display）という用語も，インタラクティブ展示とほぼ同義として用いられるが，前者は実際に資料に触れられるという点がより強調された表現になっているといえる。

展示やウェブサイトを通した間接的な教育のあり方に加え，博物館ではより直接的な教育活動も実施されている。この展示以外の教育活動には，さまざまな方法が用いられるが，講演や講座形式の活動は，博物館における伝統的な教育活動の一つといえる。博物館における講演や講座は，それぞれの博物館が収蔵する資料や，企画展や特別展の内容にあわせて企画され，学芸員をはじめとする博物館職員だけでなく，外部の研究者や芸術家が講師を務める場合も多い。美術館においては，展示室で実際の作品を前にして学芸員やボランティアが解説をする「ギャラリー・トーク」といった取り組みも行われている。

また，いわゆる「参加体験型学習」を積極的に取り入れている点も，博物館における教育活動の特徴の一つといえ，各種のワークショップなどが実施されている。具体的には，美術館における創作活動や科学館における実験といったワークショップが行われている。

こうしたさまざまな学習機会が博物館には用意されており，博物館における生涯学習支援の具体的な方法として捉えることができる。

（2）博物館における学習の特性

教育活動の方法や技術に関する特徴に加え，博物館における学習のあり方それ自体に，学校教育といった他の学習の場面とは異なる特性を見いだすこともできる。

アメリカの博物館研究者ジョージ・ハイン（George Hein）は，構成主義（constructivism）の観点から博物館における学習の特徴を指摘している[6]。教育や学習における構成主義とは，そこで習得される知識を，あらかじめ客観的に設定されるものとせず，学習者自身によって，それぞれが置かれた社会的状況やそれまでの経験を反映させて，多様に組み立てられるとする立場といえる。こうした立場から，博物館においても学習者の主体的な参加を前提とした多様な学習が展開される必要を指摘する議論は，博物館教育の特性を考えるうえで参考にすべきものとして日本でもたびたび紹介されてきた。その多くの場合，

6：ジョージ・E・ハイン著，鷹野光行監訳『博物館で学ぶ』同成社，2010.

博物館における学習者の主体性や自主性を尊重する必要を主張するという立場から言及されてきたといってよいだろう。

また，展示や教育活動を含めた，博物館活動の全体を「コミュニケーション」という概念から捉え直そうとする指摘も多くなされている。そこで提示されるのは，博物館自体をメディアとして捉え，そこにおける情報の伝達のあり方を，来館者とのコミュニケーションの過程に注目して考えるという視点であり，こうした概念も欧米における博物館研究の成果を取り入れる形で日本に紹介されている[7]。博物館におけるコミュニケーションという場合，単に展示室での来館者と展示や博物館職員との交流を考えるのではなく，そうした交流を通して，来館者や地域社会の意見を展示や教育活動の内容に反映させ，ひいては博物館活動全体の方向性を見直していくというより大きな過程に注目していく必要がある。また，それと同時に，その過程に参加することにより，来館者や学習者の価値観や社会観が変容していくという点に着目することにも，コミュニケーション論の提起する重要な視点といえる[8]。

日本において，博物館における構成主義的な学習論，および，コミュケーション論が言及される際，学習者や来館者の主体性や自主性を尊重するといった文脈が強調される場合が多い。しかしながら，欧米の博物館研究において展開されたそうした議論においては，博物館運営に多様な意見を反映させることに主眼が置かれており，具体的には，社会的なマイノリティの価値観を博物館の展示や教育活動にいかに反映させ，彼らをその活動に取り込んでいくかという実践が展開されてきた。そこには，単に，博物館における学習者の主体性や自主性を尊重するという意図だけでなく，固定的・単一的な歴史観や芸術に対する価値観への懐疑や挑戦という社会的な文脈がある。

構成主義的な学習論やコミュニケーション論が提起する，博物館における学習の可能性は，その過程で多様な価値観を包含しながら，学習者の社会観や価

7：たとえば，Hooper-Greenhill, E. *Museum, Media, Message*, Routledge, 1995.
8：なお，博物館における体験を重視し，その体験が学習を含めた来館者の活動に与える影響を検討する議論もある。ジョン・H. フォーキング，リン・D. ディアーキング著，高橋順一訳『博物館体験』雄山閣，1996.

値観の変容を促すという点にあり，展示や教育活動において異なる価値観の提示を意図的に組み込んでいくという姿勢も博物館には求められる[9]。この点は，博物館の政治性といった問題にも関わっており，博物館活動に携わる人々には，そうした点についても意識的であることが求められる。

（3）博物館と学校の関係

　博物館における生涯学習支援は，博物館における教育や学習のさまざまな特性を考慮したうえで実施されるべきであり，この点は博物館と学校の連携事業においても同様である。学校との連携事業に取り組んでいる博物館はきわめて多く，博物館における教育活動の主要事業になっているといってよい。

　2000年以降の学校教育における「総合的な学習の時間」の段階的な導入などの影響を受けながら，この間，連携事業への積極的な取り組みが展開されてきている。具体的には，館内授業の実施や，学校による博物館利用のための教材や手引きの作成が行われている。博物館内での事業に関しては，実際の来館に先立って，教員と博物館職員との事前打ち合わせを設けるなど，館内での事業が円滑に進むように配慮がなされている場合もある。その他にも，博物館職員による学校での出前授業や学校のための資料貸出サービスなど，館外でのプログラムを運営している館も多い。また，児童や生徒を対象とした教育プログラムのみでなく，教員を対象とした研修を実施している館などもあり，学校を対象とした事業は多岐に渡っている。

　連携事業への盛んな取り組みの背景には，行政や日本博物館協会といった博物館関連団体による推進や，博物館の評価をする際，連携事業の実施状況が一つの指標として設定される場合が多いといった事実もある。こうしたことから，学校との連携事業は，博物館が取り組まざるを得ない事業であるという認識が，博物館関係者の間に広く浸透しているといってよいだろう。

　そうした状況もあってか，実際の連携事業においては，博物館が学校からの

9：そうした多様な価値観の交流が促される博物館像は，「フォーラムとしての博物館」と表現されることもある。Cameron, D. F. "The Museum, A Temple Or The Forum," *Curator*, 14（1），1971, p.11-24.

要望に対応することが過度に要請され，博物館における教育や学習の特性が生かされていないといった批判的な指摘がなされることもある。博物館を教育資源として活用するという点からして，学校との連携事業は今後も取り組まれるべき活動であるが，その際，教育施設としての博物館の特徴が生かされているのかという点には十分な配慮がなされるべきであり，そのためには，博物館職員の姿勢のみならず，学校教員の博物館活動に対する理解も重要となってくる。そうした点からすれば，博物館による教員を対象とした研修や館内事業に向けた事前打ち合わせなど，相互理解の深化を目的とした活動の意義は大きいといえよう。

また，公立博物館のなかには，所管する教育委員会により学校教員が配置され，「ミュージアム・ティーチャー」といった肩書きで，連携事業を含めた博物館活動に従事している館もある。そうした場合の多くは，一定の任期が設けられ，任期終了後は学校や教育委員会に異動することとなっているが，こうした人事交流がもたらす相互理解を深める効果も大きいといえる。

それぞれ異なる特性をもつ教育施設として，博物館と学校とが連携するにあたっては，そうした両者の相互理解に基づいて，その関係のあり方を根本的に問い直すような視点が求められる[10]。そもそも博物館における教育や学習は，学校教育とは性格の異なるものとして理解されるべきであり，学校教育のために博物館が活用されることがあまりに強調されると，その特性を損ないかねない。連携の可能性を模索する一方で，学校での博物館利用の限界という点についても併せて考える必要があろう。

10：博物館と学校との関係を説明するうえで，「遠足博物館」や「放課後博物館」といった表現が使われることがある。前者が，学校の遠足として訪れるような，児童・生徒にとって非日常的な場としての博物館像を示すのに対し，後者は，児童・生徒が放課後に博物館を訪れるといった具合に，より身近な存在として日常的な来館が促されるような博物館像といえる。このように，博物館と学校との連携のあり方を考えるにあたっては，両者の関係を捉える視点を根本的に転換させるといったことも必要とされよう。浜口哲一『放課後博物館へようこそ：地域と市民を結ぶ博物館』地人書館，2000.

4．博物館における生涯学習支援の担い手

（1）専門的職員としての学芸員

　博物館において，実際に生涯学習支援の担い手となる存在としては，当然ながら，まず，博物館の職員がいる。博物館職員には，館長や，学芸員，学芸員補がいる他，多くの場合，館の運営や管理を担当する事務系の職員も配置されている。

　博物館職員のなかでも，学芸員は博物館に配置される「専門的職員」とされ，博物館法においてその職務が「博物館資料の収集，保管，展示及び調査研究その他これと関連する事業についての専門的事項をつかさどる」（第4条第4項）と定められている。学芸員には博物館資料に関わる専門的な活動すべてに関与することが求められており，その一環として，博物館における教育活動の実施，さらには，生涯学習支援の役割も職務として課せられていると理解できる。

　学芸員の資格については，博物館法および博物館法施行規則によって定められており，そこで定められた諸条件のいずれかを満たすことによりその資格が取得できる（博物館法第5条）。なかでも，大学において博物館に関する科目を修得することによって学芸員資格を取得する人が最も多くなっている。また，文部科学大臣による資格認定も行われており，試験および審査という，二通りの認定方法が設けられている。

　学芸員の養成課程に関しては，大学において学芸員資格が比較的容易に取得できることに加え，その資格取得者数に比して実際に学芸員になる人数が極めて少ないこともあって，その養成のあり方を見直す必要が度々指摘されてきた。2007（平成19）年に文部科学省に設置された「これからの博物館の在り方に関する検討協力者会議」による議論なども経て，博物館法施行規則が改正されるに至り，大学における学芸員養成課程や資格認定の方法に変更がなされることとなった。新しい施行規則は平成24年度から施行され，特に，大学の学芸員養成課程に関しては，取得必要単位数の増加とそれに伴う新たな科目の導入がなさ

学芸員養成をめぐる議論においては，現代社会の変化やニーズに対応可能な高度な能力を有した学芸員を養成することの必要が指摘され，なかにはいわゆる「即戦力」の学芸員を養成することの必要を強調するような議論も見受けられる。しかしながら，博物館の取り扱う資料の種類は極めて幅広く，たとえ同じ考古資料や歴史資料の範疇であっても，時代や地域によってかなり異なる専門的な知識が求められる。博物館の規模の差などもあわせて考えれば，学芸員に必要とされる能力は，それぞれの館の性格に応じて大きく異なるといってよい。そうした要求に十分に対応できる専門的な能力を，資格を取得する段階で養成するということには限界があるといわざるをえない。

　学芸員の能力の向上を目指すのであれば，望ましい養成課程のあり方を考える一方で，学芸員に任用されて以降の研修の機会をいかに充実させるかといったことも同時に考えていく必要がある。その際，それぞれの博物館による研修やOJTに加え，行政や博物館関連団体によって提供される研修の持つ意義も積極的に評価されるべきといえる[11]。

　学芸員養成のあり方が議論される一方で，博物館の教育活動により専門的に携わる職員の養成の必要を指摘する議論も古くから見られる。こうした議論は，欧米における専門分化の進んだ，博物館の職員体系を参考にした議論であり，いわゆるエデュケーター（educator）の養成や配置が目指されてきた。こうした議論の背景には，博物館教育に対する関心の高まりに加え，日本においては，学芸員に過度の職務が課せられているという問題意識がある。それゆえ，博物館職員の職務を分化させ，それぞれに専門的な職員を配置することによって高度な博物館運営を実現させるという文脈のなかで，エデュケーターの養成の必要も主張されてきた。

　しかしながら，博物館における教育活動に関わる専門性を考えるうえでも，教育を含めた諸活動が一体的に展開されるという博物館活動の本質は十分に考慮されるべきであり，博物館のもろもろの活動に横断的に携わるという学芸員

11：日本博物館協会をはじめ，全国科学博物館協議会，全国美術館会議，日本動物園水族館協会といった館種ごとの関連団体も研修の機会を提供している。

のあり方の意義もそうした観点から評価されるべきであろう。また，実際に博物館にどれだけの職員が配置されているのか，言い換えれば，専門分化した職務に対応できるだけの職員数が配置されているのか，という現実的な問題もあわせて考慮に入れておく必要がある。Ⅷ-3表からわかるように，専任の学芸員が一人も配置されていない博物館は，登録の有無に関わらず，かなりの数にのぼる。

　海外では，博物館の教育活動に携わる職員やボランティアを指すものとして，「インタープリター（interpreter）」という言葉が用いられることがある。「通訳者」を意味し，資料や展示の意味をわかりやすく来館者に伝える，もしくは，来館者による資料や展示の解釈（interpretation）を手助けする立場と考えてよいだろう。資料や展示，ひいては，博物館と来館者とを仲介する役割を担うこうした人々には，当然ながら，教育活動に関する知識や技術に加え，資料を中心とした博物館活動全体に関する理解が求められる。博物館においてエデュケーターといわれるような専門的な職員がその教育活動を実施する場合におい

Ⅷ-3表　専任学芸員および学芸員補数別博物館数

	登録博物館		博物館相当施設		博物館類似施設	
	学芸員	学芸員補	学芸員	学芸員補	学芸員	学芸員補
0人	209	857	169	319	3,918	4,435
1人	229	32	60	14	339	38
2人	160	11	49	2	117	8
3人	85	7	24	1	56	4
4人	62	—	8	—	16	—
5人	36	1	11	1	11	—
6人〜10人	95	2	17	6	24	—
11人以上	37	3	11	6	4	—
計	913	913	349	349	4,485	4,485

（文部科学省「平成23年度社会教育調査」をもとに作成）

ても，この点は変わらないのである。

（2）博物館におけるボランティア活動

　職員とともに，博物館において生涯学習支援の担い手を引き受ける存在としてボランティアがいる。日本の博物館においては，ボランティアの導入が広く浸透しており，多くの館でボランティアが活動する場が設けられている。その背景には，これまで博物館におけるボランティアの受け入れが，社会教育行政や文化行政を中心に推進されてきたという経緯がある。これに応じる形で，多くの博物館関連団体もボランティアの受け入れを積極的に奨励してきている。

　博物館ボランティアによる活動の内容は多岐に渡っており，資料の収集や整理，保存活動，さらには，調査研究活動にもボランティアが参加している館がある。その活動には，博物館における生涯学習支援に関わるものも含まれる。なかでも，最も一般的に実施されている活動として展示解説があげられる。展示解説は，博物館ボランティアに特徴的な活動といえ，実施するにあたっては，展示内容に関する事前学習が課せられたり，ボランティア自身による解説用資料の作成が行われている場合も多い。展示解説以外の教育活動への参加も実施されており，ボランティアによる教育活動プログラムの企画や実施を奨励している館もある。このように，生涯学習支援の担い手として，ボランティアが博物館において担う役割は，職員と同様に大きなものとなっている。

　一方で，博物館で活動するボランティアを学習者と見なし，その活動を生涯学習の一環として捉えることもできる。こうした見方は，教育行政に関する各種審議会の答申にも示されてきており，博物館ボランティアの意義を多面的に理解するという点で意味のある指摘といえる。ボランティアの受け入れや養成自体が，博物館による生涯学習支援の一環をなしていると考えられるのである。ボランティアを受け入れるにあたっては，研修の実施，活動のコーディネート，さらには，交通費や食費といった経費の支給など，さまざまな準備や対応が求められるゆえ，博物館側にもかなりの労力が必要とされる。そうした課題に対応するうえで，ボランティアを学習者，さらには，利用者と見なすことにより，博物館におけるボランティア事業に，ボランティアのための生涯学習支援とい

う側面を積極的に見いだしていくことの意義は大きい。

　博物館とボランティアの関係を考えるうえで，ボランティアが博物館から独立して自律的な組織を運営する事例があることも注目される。ボランティア団体が，いわゆるNPO法人を設立するといった例がこれにあたり，博物館を活動の拠点としながらも，館外での自主事業の実施や行政等からの事業依頼への対応にも積極的に取り組んでいくことが目指されている。博物館との協力関係に基づいた，こうした取り組みは，博物館におけるボランティア活動のあり方やその自律性を考える上で示唆に富んでいる。

　行政および博物館界の取り組みを受けて，博物館におけるボランティア活動の普及がみられる一方で，実際の受け入れや活動にあたって，今後も検討されるべき課題は多い[12]。ボランティア活動のもつ意義を多面的に理解し，そのあり方を改めて検討していくことが博物館職員にも，また，ボランティア自身にも必要とされる。

5．博物館運営における生涯学習支援の位置づけ

（1）博物館運営の多様化と評価

　博物館における生涯学習支援のあり方を考える際には，その活動が博物館運営のなかにどのように位置づけられるかという点も重要となってくる。博物館運営に関しては，2003(平成15)年の地方自治法の一部改正を受けて，公立博物館に指定管理者制度の導入が可能となったことにより，そのあり方が一層多様化している。この指定管理者制度により，地方公共団体が設置する「公の施設」の管理運営を委任することが可能な団体の対象が，民間の企業や非営利団体にまで広げられることとなった。なお，この制度では，指定管理者となる団体の指定は期間を定めて行うものとされる（地方自治法第244条の2第3項 -

---

12：鈴木眞理『ボランティア活動と集団 - 生涯学習・社会教育論的探究』学文社，2004．大木真徳「博物館運営におけるボランティア受け入れの意義と課題」『日本ミュージアム・マネージメント学会研究紀要』第13号，2009，p.1-8．

第11項)。

　民間の展示業者や企業のいわゆる文化事業部にも博物館運営に関わるノウハウの蓄積は進んでおり，指定管理者制度によりそうしたノウハウの活用の幅が広がったこと，さらには，民間の非営利団体にも公立博物館の運営に関与する機会が開けたことなどに，この制度の意義を見いだすことができる。一方で，職員の身分，資料の所有権や借用にあたっての契約の方法，さらには，入館料の取り扱いといった点に関しては，個々の場合によって対応に違いが見られる。特に，職員や資料については，指定管理者が交代する際に，その対応が問題として現れてくる可能性があり，博物館の継続的かつ安定的な運営といった観点からすれば，制度として抱える課題があることも否定できない。

　資料を保存継承していくという点からしても，博物館は長期的な活動の継続が前提とされる施設であり，短期間での運営主体の交代を可能とする指定管理者制度には本質的になじまないともいえる。施設運営の効率性や経済性の向上に主眼が置かれた制度が，博物館に適用されることの問題についても考えるべきであろう。一括りに「公の施設」といっても，そこにはさまざまな施設が含まれており，その目的や性格に応じて，適切な管理運営方法を模索することが必要とされる。

　指定管理者制度に加え，2008(平成20)年の新しい公益法人制度の導入も受けて，博物館運営の評価の重要性がいっそう高まっている。博物館運営の評価は，指定管理者制度の利用の有無や設置・運営主体の別に関わらず，すべての博物館において実施されることが望ましいとされている。その際，その評価方法が問題となるが，博物館の特徴を十分に考慮した評価項目や基準が設けられることが求められる。来館者数といった量的な観点に加え，博物館活動を質的に評価していくことも重要であり，それぞれの博物館の目的を考慮したうえで，その評価方法の工夫が必要とされる。これは，博物館運営に限らず，博物館における個々の具体的な活動にも同様である。博物館における教育活動についても，学校教育といった場面とは異なる評価方法が構築されるべきであり，たとえば，価値観や社会観の変容は短期的な学習の成果として現れてくるものではなく，長期的な観点からの評価といった取り組みの意義も検討されるべきといえる。

(2) 博物館と地域社会

　博物館運営の多様化は，地域住民や利用者の意見や要望を博物館運営に反映させる可能性が高まるという点からすれば望ましいものといえる。博物館が生涯学習支援の役割を果たすうえでは，地域住民や利用者の意見や要望をいかに博物館運営に取り入れていくのかといった点も重要となる。博物館運営への地域住民や利用者の参加のあり方には，具体的にいくつかの方法が考えられる。

　まず，ボランティアによる参加がある。ボランティアの受け入れが，博物館運営に地域住民や利用者の意見を反映させ，施設活性化につなげる手段になるという考え方の浸透は，博物館ボランティアが広く普及した背景にあるといえ，ボランティアと職員との意見交換の場を積極的に設けている館も多い。

　また，友の会といった組織が博物館運営に深く関与している場合もある。友の会には，自主的な活動を積極的に展開している組織も多く，講演会やワークショップなどの教育プログラムが友の会の主催で実施されている。

　さらには，博物館運営に関する館長の諮問機関として，博物館法では公立博物館に博物館協議会を置くことが可能となっており，その委員についても学校教育や社会教育の関係者などが任命されることが推奨されている。博物館協議会は，法によって定められた制度であるという点で，ボランティアや友の会とは性格を異にするが，こうした制度の存在が法によって保障されているということの意義は小さくない。

　そうした地域住民や利用者による博物館運営への参加の一方で，博物館自身が地域の課題に積極的に取り組んでいくという姿勢も求められる。この点に関しては，日本においては，「地域博物館論」といった議論がこれまでに展開されてきているが，海外の博物館においても，地域の社会的な課題に対する活動が盛んに実践されている。欧米においては，そうした活動は「ソーシャル・インクルージョン（social inclusion）」と総称され，特に，イギリスでは1997年以降の新労働党政権の後押しもあり，博物館によるソーシャル・インクルージョンへの取り組みが積極的に展開されてきている。その活動の趣旨は，それまで博物館活動，ひいては，社会そのものから疎外されがちであった社会的なマ

イノリティを，積極的に博物館の活動に関与させることにより，当事者を含めた社会全体の意識変容を目指すことにある。具体的には，移民，障害者，性的マイノリティ，病院患者，受刑者といった人々に関する展示や教育プログラムを，当事者との協力のもと企画実施するという取り組みが行われている。

　日本においては，いまだこうした取り組みは本格化していないが，博物館における教育活動が，そうした地域の社会的な課題を取り上げ，地域住民と関わりをもつ具体的な一つの機会となりえるという点で今後の博物館における生涯学習支援を考えるうえで参考になろう。その際，学芸員をはじめとする博物館職員には，地域における社会的課題の発見とそれへの取り組みを，いかに生涯学習支援の活動につなげていくかが問われてくる。

　博物館運営において，生涯学習支援に関わる活動をいかに位置づけていくかは，それぞれの館の特徴や目的に応じて多様であってしかるべきであるが，その際，資料を核とする博物館活動の本質や学校教育とは異なる教育や学習の特性を十分に反映させることが求められる。

IX章　生涯学習支援における青少年教育施設の役割

1．青少年教育と青少年教育施設

　青少年教育施設とは，どのような施設をいうのだろうか。文部科学省が3年ごとに実施している「社会教育調査」[1]によると，青少年教育施設とは「青少年のために団体宿泊訓練又は各種の研修を行い，あわせてその施設を青少年の利用に供する目的で，地方公共団体又は独立行政法人が設置した社会教育施設」として定義している。また，施設の種類として，少年自然の家，青年の家（宿泊型及び非宿泊型），児童文化センター，野外教育施設，その他の青少年教育施設に分類している。公民館，図書館，博物館のほか運動場やプールなどの体育施設も青少年が利用するということであれば，青少年教育施設に含めて考えることができる。さらに，幼稚園，小学校，中学校，高等学校，大学なども青少年を対象とした教育施設であるが，一般的には上述の「社会教育調査」に記載されている少年自然の家などがそれに当たる。

　設置者別にみると，国（独立行政法人）立（以下，「国立」と言う）のほか，公立や民間が設置した施設があるが，国立施設については，平成18年度に「青年の家」を「青少年交流の家」に，「少年自然の家」を「青少年自然の家」に名称変更している。

1：“平成23年度社会教育調査中間報告書”．文部科学省Webサイト．http://www.mext.go.jp/b_menu/toukei/chousa02/shakai/index.htm．

（1）青少年という概念

　青少年教育施設を理解するためには，まず青少年とはどのような年齢層を指すのか，そして青少年教育とは何かについて理解する必要がある。

　「青少年」という言葉について定義した法律はなく，社会教育法（昭和24年制定）でも第2条の社会教育の定義として，「学校の教育課程として行われる教育活動を除き，主として青少年及び成人に対して行われる組織的な教育活動」として，「青少年」という言葉を用いているが，その対象を明確にしているわけではない。社会教育法制定後間もなく文部省の事務官によって著された『社会教育の理論と方法技術』（1951）によると，「我々は，今新に成人教育の概念の確立を図り，その対象を年齢的に満二十才以上と考えたのであるから，これと対蹠的に考える意味あいからいって，少なくとも青少年教育は満二十才未満のものを対象とするという考え方をしてみたい」と記述していることから，社会教育法制定当時は，20歳未満を想定していたことがわかる[2]。

　その後，20年経過した社会教育審議会答申「急激な社会構造の変化に対処する社会教育のあり方について」（昭和46年4月）では，少年とは「小学校および中学校に就学する年齢層」であるとし，「義務教育終了後からおよそ二五歳未満の者を青年とよぶのが通例となっている」との記述がなされている。

　さらに，『子ども・若者白書』（平成21年制定の「子ども・若者支援法」に規定する年次報告書）では，0歳から29歳未満までの年齢層を対象としており，また独立行政法人国立青少年教育振興機構が達成すべき中期目標（文部科学大臣指示）においても青少年人口として0歳から29歳を捉えている。

　このように，その時々の社会的状況や立場，事情などに応じて青少年の捉え

2：金田智成・相引茂『社会教育の理論と方法技術』斯文書院，1951，p.103．なお，この前段に従来の考え方として，青少年団体の概念と青少年教育の概念が混同されていて，主として青年団が20歳前後から30歳近い年齢であり，この青年団の活動を青年教育であると解釈してきたと記述されている。しかし，成人教育についての概念が確立したことから，青少年教育はそれ以前の年齢層を対称にするという考え方に行き着いたということである。いずれにしても，社会教育法制定当初においては，第2条に「主として青少年及び成人」と書かれているように，これらの人たちを社会教育行政として重視していたことがわかる。

方が変化してきていることから，年齢から捉えるのではなく施策の目的，すなわち子供から大人へと成長する過程において社会的に自立した個人となるために支援する必要がある対象を「青少年」と考えたほうが現実的ではないかと考えられる[3]。

なお，こうして青少年の考え方を時系列にみてみると，現在に近づくにつれて年齢が上がってきていることがわかる。このことは，教育の分野のみならず医療・福祉・雇用など他の政策分野を含めて青少年に対する施策全般の大きな課題でもある。とりわけ，今日的課題となっているひきこもり問題についていえば，30歳を超えても青少年施策として講じていく必要がある課題であろう[4]。

（2）青少年教育の展開とその理解

わが国の高等学校への進学率が50％台にあった昭和30年代では，高等学校に進学しない中学卒業後の青少年に対して行う「勤労青少年教育」が，今日以上に重視されていた。ここでは定時制や通信制の高等学校教育や夜間大学といった学校教育として担う分野とともに，学校教育以外の分野として，各種学校，青年学級[5]，社会通信教育といった学習の場や機会があった。

このように，「青少年教育」といった場合には，当時は学校教育，学校外教育を通じた概念として捉えられていたが，その後の変遷において学校外教育の

3：中央教育審議会答申「次代を担う自立した青少年の育成に向けて」（平成19年1月）においては，「一般的にはわが国の将来を担う若い世代で，人間形成の途上にある人たちを指す。」としている。

4：「子ども・若者ビジョン」（平成22年7月「子ども・若者育成支援推進本部決定」）では，「青少年」について「乳幼児期から青年期までの者。なお，乳幼児期からポスト青年期までを広く支援対象とするということを明確にするため，『青少年』に代えて『子ども・若者』という言葉を用いています」と書かれている。

5：「青年学級」とは，昭和28年に制定された「青年学級振興法」を法的根拠とするが，この法律は平成11年に廃止された。勤労青年に対して市町村が開設する教育機会であり，同一区域内の15人以上の青年が当該市町村に申請を行うことによって開設することができた。「社会通信教育」とは，時間的・地理的制約を受けることなく，各人の自発的意思により誰もが自由に利用できる学習システムで，国は社会教育上奨励すべきものを社会教育法の規定に基づき認定・奨励している。昭和30年代は，これらの学習機会が充実・発展した時期である。

分野を青少年教育として扱うようになっていった。その背景としては，まず学校教育環境の質的量的な発展を挙げることができる。第二次世界大戦後の学校教育制度の充実とともに高等学校への進学率が高まった（昭和30年の51.5％に対し，昭和40年では70.7％に上昇）ことで，この年代に対する教育は学校が中心的に担うこととなり，青少年教育は学校に在学していない者に対する教育であるといった考え方が一般化していった。

　高等学校進学率のさらなる上昇，あるいは自然環境の破壊やマスメディアの発達など青少年の心身の健全な成長に関わる問題が発生するにつれて，学校教育が担う分野が飛躍的に拡大し，青少年教育は学校教育を補完するという立場になっていった。本来，子供は学校の中だけではなく家庭や地域のなかでも人格形成が図られなければならないが，現実には学校教育に大きな期待がかけられることとなった。

　学校教育に対して大きな期待が寄せられる一方で，「高度経済成長」という言葉に象徴されるように，科学技術の進歩やわが国の産業構造の変化，都市人口の増加，少子高齢化の進展等社会状況が大きく変化する中で価値観も多様化し，学校だけでは対応できない問題も生じてきた。このため，学校とともに家庭や社会の教育的機能の充実を図り，さらに社会教育としての青少年教育の役割にも変化が求められるようになった。

　社会教育審議会建議「在学青少年に対する社会教育の在り方について」（昭和49年）では，これまでの社会教育が高等学校に進学しない勤労青少年を主たる対象とし，青少年といいながら在学者，すなわち小学校から高等学校までに在籍している青少年に対する対応が不十分であったとし，「今後の社会教育における青少年教育は，これまでの在り方を改め，在学青少年を含めたすべての青少年を対象とし，少年及び青年の発達段階に応じた社会教育独自の役割を明らかにするとともに，家庭教育，学校教育との十分な連携の下に進められる必要がある。」と指摘した。

　これまで述べてきたとおり，当初は学校教育，社会教育を含めた青少年教育の考え方が，その後，学校教育以外の分野を青少年教育として捉えられるようになり，そして時代はくだり，学校教育にもっぱら任せていた在学青少年に対

する教育を社会教育の分野でも積極的に担っていくべきであるとの要請になったのである。

「教育」とは，青少年にとってやがてやってくることとなる職業生活の準備として行うものであるというのが社会の一般的な考え方であったが，1965年（昭和40年）のユネスコの会議に端を発する「生涯教育」の考え方の導入によって，乳幼児期から高齢期にいたるまでの人生のあらゆる段階において常に行われるものであるとの転換をもたらすことになった。青少年期において行われる教育は，その後の人生に必要とされる知識・技術を学ぶこととともに，生涯を通じて学習することができる能力や態度を身につけることが重要な要素となったのである。

教育は学校教育のみによってその目的が達成されることはなく，あらゆる教育機会を活用して青少年期の教育に当たっていくこととなる。学校教育とともに家庭や地域のあらゆる教育機会と機能を活用することで，社会教育としての青少年教育にもこれまで以上の役割が期待され，学校教育を補完するといった役割ではなく，学校教育では達成しにくい独自の役割が明らかにされるとともに，日本社会の急激な状況変化に伴い，このことが時代の要請として強く意識されるようになってきたのである。

社会教育としての青少年教育の独自の役割は，青少年教育施設の役割に通じるものがあり，青少年教育施設への期待もそれに伴って大きくなっていったといえよう。第二次世界大戦後の立ち直りから高度経済成長に向けて，わが国の社会構造が大きく変化する中で構想されていった青少年教育施設であるが，そこに至るまでの経緯等について考察することとしたい。

2．青少年教育施設の系譜

青年の家は，豊かな自然環境のもとで集団宿泊訓練を行うなどにより健全な青年を育成することを目的としている。文部省（当時）は昭和33年度から青少年の宿泊訓練，青少年団体活動，指導者養成のほか，青少年旅行活動，キャンプ活動に役立つよう地方公共団体が設置する「青年の家」の整備に対する国庫

補助を行った。当時の補助金関係資料[6]のなかで「青年の家整備費補助要項」（昭和36年4月社会教育局長通知）を見ると、補助対象となる建物規模は150～250坪程度で、設置者は原則として都道府県と市が対象とされた。

昭和39年度の補助金申請要項では、「都市において宿泊を伴わないものを設置する場合は、補助対象とする建物の規模は500坪程度のものとし」とあるとおり、宿泊機能を持たない青年の家についても補助対象とされた。これは、わが国の経済成長に伴う若者の都会への流入に伴い、いわゆる「都市型青年の家」に対する補助を行ったもので、都市青年の日常生活に即した交友・研修の場として普及していった。

こうした経緯を経て青年の家の整備に対する国庫補助の最終型としては、建物面積は原則として1,000平方メートル以上、宿泊定員はおおむね100人以上とされ、平成9年度まで補助が行われた。

この間、昭和34年には静岡県御殿場市に「国立中央青年の家」が設置され、その後国立青年の家は、昭和51年度までに全国に13施設が設置された。国立青年の家は、団体宿泊訓練を通じて、①規律、協同、奉仕等の精神をかん養すること、②自律性、責任感及び実行力を身に付けること、③相互連帯意識を高め、郷土愛、祖国愛及び国際理解の精神を培うこと、④教養の向上、情操の純化及び体力の増強等を図ることを教育目標として掲げている（文部省社会教育局長通知「国立青年の家の管理運営について」昭和42年4月）。

少年自然の家は「少年（義務教育諸学校の児童・生徒）を自然に親しませ、自然の中での集団宿泊生活を通じてその情操や社会性を豊かにし、心身を鍛練し、もって健全な少年の育成を図ることを目的」（文部省社会教育局長通知「公立少年自然の家について」昭和42年）とする施設である。この社会教育局長通知は、文部省が昭和45年度から公立少年自然の家の建設費補助を開始したことを受け、そのあり方について見解をまとめたものである。「通知」によると、少年自然の家の教育目標として、少年に学校や家庭では得がたい体験をさせ、それによって、次に掲げる教育目標の達成に努めることを挙げている。

6：補助金関係資料については、宮本一『日本の青少年教育施設発展史（上巻）』日常出版、2001．及び同書下巻を参考とした。

(1) 自然の恩恵に触れ，自然に親しむ心や敬けんの念を育てること。
(2) 集団宿泊生活を通じて，規律，協同，友愛，奉仕の精神を養うこと。
(3) 野外活動を通じて，心身を鍛練すること。

　なお，公立少年自然の家施設整備の国庫補助要件は，建物面積は原則として2,000㎡以上，宿泊定員200人以上とされた。
　この公立少年自然の家の高い成果が注目され，昭和50年に国立室戸少年自然の家（高知県室戸市）が設置された。その後国立少年自然の家は，平成3年度までに全国に14施設が設置された。少年自然の家は，先の「建議」にあった在学青少年に対する社会教育への期待と相まって，社会教育の場だけではなく学校教育の一環としても活用されることにより，学校教育と社会教育との連携を深める具体的な場として整備されていった。
　国立オリンピック記念青少年総合センター（以下，「オリセン」と言う）は，昭和39年に開催された東京オリンピックの選手村の施設の一部を青少年の育成に寄与するための宿泊研修施設として利用するため，昭和40年に特殊法人立として発足し，昭和55年には文部省所管の青少年教育施設となった。これに伴い従来の機能に加え，全国の青少年教育施設や関係団体との連絡・協力及び青少年教育に関する専門的な調査研究の機能を持つ機関となり，まさに青少年教育のナショナルセンターとしての役割を果たすこととなった。なお，施設は平成3年から10年間にわたって全面的な改築整備を行い，青少年が利用するのにふさわしい斬新なデザインの施設にリニューアルされ，今日に至っている。
　公民館，図書館，博物館など他の社会教育施設と比較して青少年教育施設の特徴（オリセン及び都市型青年の家を除く）を挙げれば，第一は自然環境が豊かで広大な敷地を有しているということである。国立施設の場合，青少年交流の家が平均で敷地面積21万平方メートル，建物面積1万4,000平方メートルとなっている。青少年自然の家については敷地面積50万2,000平方メートル，建物面積1万3,000平方メートルとなっている。ここに両施設の特徴が現れている。まず青少年交流の家は，その歴史的経緯から青年団体の活動拠点としてあるいは勤労青少年の各種研修の場として発足したことから，交流や研修に重きを置き，各種のスペース（体育館，講堂，研修室，運動場等の野外スポーツ施設な

ど）を整備しているのに対し，青少年自然の家は，自然環境豊かな場所でさまざまな自然体験活動を可能とする広大な敷地を有する一方，交流の家に比較すると研修室等が少ないことが建物面積の差となっている。敷地面積が最も広いのは，国立花山青少年自然の家（宮城県栗原市）で，東京ドーム38個分である。このような広大な敷地面積を有する国立施設であるが，多くは地元自治体等からの借用地である。なお，これらの敷地の中でキャンプ場やオリエンテーリングコースなどが整備されているが，プログラムによっては敷地以外で広域的に活動している例もある。

　青少年教育施設の特徴の第二は，非宿泊型は別としてどの施設も宿泊室を有していることである。集団宿泊生活をとおして家庭や学校では得がたい体験活動や研修を行うことができる施設として，国立施設の場合，400人程度が宿泊可能となっている。宿泊活動を行うことにより，社会生活のルールを守り，社会の一員として協調の精神を育みコミュニケーション能力や他人を思いやる心を養うこととしている。また，各施設では「標準生活時間」を設定し，朝のつどい，夕べのつどいを行うなど規則正しい生活を行い，基本的な生活習慣を身につけることが意識されている。

　これら青少年教育施設には，利用者の便宜を図るために「利用ガイド」や「利用の手引き」などの名称で施設利用の申し込み方法や活動に当たっての留意事項などを記載した冊子が用意され，また施設の活動目標なども記載されている。たとえば，国立中央青少年交流の家が作成した「利用ガイド」では，「教育機能」として"標準生活時間に則った生活""他団体との共同生活（食事・入浴）""朝のつどい・夕べのつどい""清掃，整理整頓，片付け等のセルフサービス"を挙げ，これらの取組によって"規律ある生活（集団規律）""早寝早起きなどの基本的生活習慣""他団体への心配りと交流，コミュニケーション""自律，感謝，ルールの遵守"を目指していることが示されている。

3. 青少年教育施設の現状と課題

　平成23年10月1日現在，青少年教育施設は公立施設が1,020か所あり，国立

IX-1表　国立青少年教育施設一覧（平成25年4月1日現在）

No	教育施設名	所在地	宿泊定員(人)	設置年月
1	国立オリンピック記念青少年総合センター	東京都渋谷区	1,500	昭和40年4月
2	国立大雪青少年交流の家	北海道美瑛町	400	昭和40年10月
3	国立岩手山青少年交流の家	岩手県滝沢村	400	昭和47年5月
4	国立磐梯青少年交流の家	福島県猪苗代町	400	昭和39年12月
5	国立赤城青少年交流の家	群馬県前橋市	400	昭和45年4月
6	国立能登青少年交流の家	石川県羽咋市	400	昭和46年4月
7	国立乗鞍青少年交流の家	岐阜県高山市	400	昭和49年4月
8	国立中央青少年交流の家	静岡県御殿場市	500	昭和34年4月
9	国立淡路青少年交流の家	兵庫県南あわじ市	400	昭和44年4月
10	国立三瓶青少年交流の家	島根県大田市	400	昭和51年5月
11	国立江田島青少年交流の家	広島県江田島市	400	昭和42年6月
12	国立大洲青少年交流の家	愛媛県大洲市	400	昭和48年4月
13	国立阿蘇青少年交流の家	熊本県阿蘇市	400	昭和38年7月
14	国立沖縄青少年交流の家	沖縄県渡嘉敷村	160	昭和47年5月
15	国立日高青少年自然の家	北海道日高町	400	昭和56年4月
16	国立花山青少年自然の家	宮城県栗原市	400	昭和53年10月
17	国立那須甲子青少年自然の家	福島県西郷村	400	昭和51年10月
18	国立信州高遠青少年自然の家	長野県伊那市	300	平成2年6月
19	国立妙高青少年自然の家	新潟県妙高市	300	平成3年4月
20	国立立山青少年自然の家	富山県立山町	300	昭和58年4月
21	国立若狭湾青少年自然の家	福井県小浜市	300	昭和59年4月
22	国立曽爾青少年自然の家	奈良県曽爾村	400	昭和54年10月
23	国立吉備青少年自然の家	岡山県吉備中央町	300	昭和57年4月
24	国立山口徳地青少年自然の家	山口県山口市	300	平成元年5月
25	国立室戸青少年自然の家	高知県室戸市	400	昭和50年10月
26	国立夜須高原青少年自然の家	福岡県筑前町	300	昭和63年4月
27	国立諫早青少年自然の家	長崎県諫早市	400	昭和52年10月
28	国立大隅青少年自然の家	鹿児島県鹿屋市	300	昭和61年4月

施設は28か所である（Ⅸ-1表，「社会教育調査」）。なお，この調査においては民間が設置した施設は除かれている。

このように青少年教育施設は公立施設が多数を占めているが，その施設数の推移を見ると過去の推移では平成17年度の1,320か所が最も多く，その後減少している。設置者別でみると町村立施設が大きく減少しているが，これは当該地方公共団体の厳しい財政状況の影響もあろうが，市町村合併により設置者が変更となった場合も考えられる（Ⅸ-2表）。

公立施設については，Ⅸ-3表のように建物延面積1,000㎡未満と5,000㎡以上の二つの領域に施設が多く設置されている。さらに詳しく見ると，1,000未満の施設は非宿泊型の青年の家が多く，5,000㎡以上の施設は少年自然の家が多いことがわかる。

青少年教育施設で行われる事業は，大きく分けて施設が企画して実施する教育事業（ここでは「企画事業」と称する）と施設が青少年等の研修に対して支援を行う事業（ここでは「研修支援事業」と称する）がある。企画事業は，登山や自然散策などのプログラムを通して，青少年の意欲や社会性，規範意識など豊かな人間性をはぐくむための事業や異文化交流やリーダー養成を目的とし

Ⅸ-2表　設置者別青少年教育施設数の推移

年度(H：平成)	計	独立行政法人	都道府県	市(区)立	町立	村立	組合立
H2	1,154	—	228	628	277		21
H5	1,225	—	230	681	295		19
H8	1,319	—	226	761	312		20
H11	1,263	—	222	699	327		15
H14	1,305	—	210	735	347		13
H17	1,320	—	196	881	214	22	7
H20	1,129	28	189	746	144	16	6
H23	1,048	28	172	699	130	16	3

（文部科学省「平成23年度社会教育調査」より作成）

注1：独立行政法人はH20から調査している。注2：H2～H14は町村立で調査している。

Ⅸ-3表　建物面積別青少年教育施設数（公立施設）

区　　分	青年の家(宿泊型)	青年の家(非宿泊型)	少年自然の家	計
1000㎡未満	34	39	41	114
1000～2000㎡未満	33	22	24	79
2000～3000㎡未満	20	10	47	77
3000～4000㎡未満	12	3	47	62
4000～5000㎡未満	12	2	21	35
5000㎡以上	38	2	63	103
計	149	78	243	470

（文部科学省『平成23年度社会教育調査報告書』から作成）

た青少年の国際交流事業など施設自ら事業を企画し，参加者を募集して行う事業である。研修支援事業は，利用目的の達成に向けた効果的な活動プログラムを提供したり，必要な教育的指導や助言を行うなどにより施設を利用する団体の活動を支援する事業である。

　企画事業には不登校の子供や心身に障害を持った子供など困難を有する子供たちを支援するプログラムを開発・実施したり，自然体験活動の指導者養成のための研修事業などがある。研修支援事業では，利用者に対してアンケート調査を実施して利用者サービスの向上に努めたり，学校利用では，担当の教員と事前に十分な調整を行い，学校の教育目標に沿ったプログラム相談などが行われている。

　青少年教育施設としての教育的役割を果たすため，各施設には図書館司書や博物館学芸員のように指導系職員を配置しているのが一般的である。「社会教育調査」によれば，国立・公立含めて1施設あたりの職員数（常勤で専任）は2.17人であり，うち指導系職員は0.90人，全体の41.2％（指導系職員938人／全職員数2,277人）となっている。これを他の社会教育施設と比較すると，公民館47.5％，図書館48.1％，博物館32.5％となっており，必ずしも高い数値とはなっていない。

　青少年教育施設の指導系職員は，学校教員から3年程度の出向職員として勤

務する場合が多く，教員としての経験を生かし団体対応や事業の企画・実施に当たっている。とりわけ，学校利用については，集団宿泊活動に不慣れな教員に対して具体的に助言したり，学校の利用目的と施設がもつプログラムとの調整役として活動している。今後，学校の教育課程の中で重視される集団宿泊活動を円滑に実施していくためには，こうしたキャリアを持った職員の配置は欠かせないし，学校にとっても青少年教育施設で勤務した経験を学校教育の中で生かすことができるというメリットがある。ただ，基本的には3年間という短い期間によって職員が交替してしまうことになり，専門職としてのノウハウが蓄積されにくいといった難点がある。このため，学校教育とは違った指導方法や各施設の特色を生かしたプログラム指導の在り方などについての研修機会を充実させることが必要である。

　青少年教育施設では，職員以外に現役の大学生や高校生のほか多くの若者が活動しているが，ボランティアとして施設に登録して活動する場合と，大学生が社会教育実習生の立場で授業の一環として活動を行う場合がある。国立施設の場合，ボランティアの登録に当たっては1泊2日で13時間の研修を行い，登録後はどの国立施設でも活動可能となっている。企画事業を実施する際には，職員とは異なった立場の若者たちの活動が教育効果を大きくする。彼らは職員よりも年齢が近いことから参加する子供たちと打ち解けやすく，宿泊を伴う事業が多い青少年教育施設においては，生活面の指導も円滑になされている。また，大学生にとっては普段の学生生活ではできない貴重な経験となっている。ただ，学生が多いゆえに卒業してしまうと活動機会がなくなるため，活動のノウハウを蓄積することが困難であることから，研修や事業実施前の打ち合わせを十分に行う必要がある。

　豊かな自然環境の下で活動を展開している青少年教育施設にとって，安全への配慮は何よりも優先して対応する必要がある。天変地異とともにプログラムによっては，生命に直接関わる事態も発生する可能性があることから，ボランティアを含めた施設スタッフは，研修等を通じて不測の事態に備える態勢を常に持つとともに，子供たちを引率する指導者に対しても，注意喚起を図っていく必要がある。

地方自治法の改正により平成15年9月から導入された指定管理者制度について，「社会教育調査」によれば，公立青少年教育施設では38.5％の施設がこの制度を導入している。これを他の社会教育施設と比較すると，公民館8.6％，図書館10.7％，博物館21.8％となっており，青少年教育施設が最も多く導入している。この制度は，公の施設の管理運営について，地方公共団体の出資法人等に対してのみ委託することができたというこれまでの規制を取り払い，民間が有するノウハウを生かして住民サービスの質の向上を図っていくことで，施設の設置の目的を効果的に達成しようとするものだとされる。青少年教育施設に導入された指定管理者の内訳を見ると，導入前からも委託可能であった地方公共団体や一般社団法人・財団法人が159施設（指定管理者導入393施設のうち）あって，県によっては青少年教育施設が設置されている所在市町村を指定管理者としている場合もあり，民間が有するノウハウを生かすという点では，今後の課題であるといえる。

　一般的には，効率的な管理運営による予算の有効活用が可能になること等が成果として挙げられるが，人件費削減によって職員の早期退職や質の低下，安全管理上の問題といったことも指摘されており，この制度の評価については今後さらに推移を見守る必要がある。また，職員の質の確保という点では，研修機会の充実を図ることも考慮される必要がある。指定管理団体の中には，職員に社会教育主事の資格を取得させるために社会教育主事講習に参加させている例もあり，委託者である地方公共団体が管理者を選定するに当たっては，社会教育主事有資格者を配置することを選定の要件にするなどの措置も考慮すべきであろう。

4．青少年教育施設のこれから

（1）国立青少年教育施設の役割

　国立青少年教育施設は，平成13年4月の独立行政法人制度の発足に伴い3つの法人（独立行政法人国立青年の家，独立行政法人国立少年自然の家及び独立

行政法人国立オリンピック記念青少年総合センター）としてスタートしたが，独立行政法人制度のさらなる見直しの結果，これら3法人は統合され，平成18年度から独立行政法人国立青少年教育振興機構となった。独立行政法人通則法等の法令に基づき，独立行政法人は毎事業年度の業務実績と中期目標期間（5年間）の業務実績について評価を受けなければならないこととなっている。

そもそも独立行政法人は，人件費の削減，財政支出の削減，自己収入の増加，透明性の確保等のために制度化されたものであり，これらの点については一定の成果がなされてきたが，さらに政府における無駄の徹底的な排除等の観点から平成19年12月の「独立行政法人整理合理化について」閣議決定がなされた。また平成21年11月，行政刷新会議の「事業仕分け」を経てなされた「独立行政法人の抜本的な見直し」（閣議決定）においては，「国の事業に対して実施した事業仕分けの結果，廃止，民営化等とされる政策に基づく事務・事業については，原則として，国と同様に廃止，民営化等の措置を講じる」とされた。

こうした独立行政法人対する厳しい状況は国立青少年教育振興機構に対してもなされており，国立青少年交流の家及び自然の家については，「自治体・民間への移管に向け，引き続き調整を進める。あわせて，これら以外の主体による運営についても検討を行う。さらに，稼働率の低い施設については，廃止に向けた検討を行う。」とともに，オリセンの在り方についても見直すことが盛り込まれた。

これを受け，文部科学省では外部有識者による「国立青少年教育施設の在り方に関する検討会」を設け，わが国の青少年教育の振興及び青少年の健全な育成を一層推進する観点から，国立青少年教育施設の適正な設置や管理運営の在り方について検討を行い，平成23年2月に報告書をまとめた。報告書においては，①教育効果が高いとされる長期宿泊型の体験活動を行う場として，②公立・民間施設から期待されている研究機能，情報発信，指導者養成，プログラム開発を行う場として，③経済格差によってもたらされる子供たちの体験格差を是正する場として，国の厳しい財政状況の下，国立施設の機能や役割について新しい視点で抜本的な見直しを行うよう求めており，こうした要請にどう応えていくかが今後の課題となっている。

（２）体験活動の重要性と青少年教育施設の役割

　平成23年度から，小学校においては新しい学習課程がスタートしたが，ここでは体験活動が重視され１週間程度の長期宿泊活動が推奨されている。青少年教育施設は，こうした長期宿泊活動のねらいを達成するための教育条件を整えており，今後，学校においては青少年教育施設を活用するよう教育計画を検討するとともに，青少年教育施設においてもさまざまな情報を提供したり，学校からの相談に積極的に対応するなど，受入れ環境の充実に向けたさらなる取り組みが必要となろう。とりわけ，学校側からの課題として授業時数の確保，費用負担，教員の多忙感などが指摘されており，体験活動に精通する指導者養成を含め，こうした事情に十分配慮する必要がある。

　国立青少年教育振興機構は，子供の体験活動の実態についてさまざまな調査[7]を行っているが，そのなかで自然体験や奉仕体験などの体験活動が，規範意識・職業意識・人間関係能力・文化的な作法や教養・意欲や関心など青少年の人間形成に影響をもたらしていることを明らかにした。一方で，子供たちの現状を見ると，自然体験をした小中学生が10年前に比べ減少傾向にあることも明らかにされている。また，文部科学省が行った「全国学力・学習状況調査」（平成24年度）によれば，「自然の中で遊んだことや自然観察をしたことがある」と回答している児童生徒の方が理科の正答率が高い傾向が見られたり，第５学年までに自然の中での集団宿泊活動を行った小学生の方が，国語・算数の主に「活用」に関する問題の平均正答率が高い傾向が見られるといった結果が得られている。

　このように，体験活動は人間形成や学力向上についても教育的効果が高いことが明らかにされる一方で，子供たちの体験不足も指摘されていることから，

7：国立青少年教育振興機構．"青少年の体験活動等と自立に関する実態調査報告書（平成21年度調査）"．国立青少年教育振興機構調査研究報告書検索．2010-10. http://www.niye.go.jp/kenkyu_houkoku/contents/detail/i/61/，（参照　2013-07-24）．
　国立青少年教育振興機構．"子どもの体験活動の実態に関する調査研究」報告書．国立青少年教育振興機構調査研究報告書検索．2010-10.http://www.niye.go.jp/kenkyu_houkoku/contents/detail/i/62/，（参照　2013-07-24）．

保護者や学校教育・社会教育の関係者には，幼少年期からさまざまな体験活動を意図的に提供していく必要がある。

　青少年教育施設の利用は，多くが数日程度のものであることから，施設で体験したことを日常生活の中でどう活かしていくかが重要な課題である。それは，施設職員の役割だけでなく，保護者を含めた大人たちの意識の問題でもある。青少年教育施設では，各施設が行った事業成果をデータをもとにして公表する取り組みも行ってきており，体験活動の効果についてさらなる研究を積み重ね，体験活動の重要性について広く発信し，社会全体で体験活動に取り組む環境を醸成していくことが必要である。

[資料1]

教育基本法

(昭和22. 3. 31 法律第 25号)
(改正 平成18.12.22 法律第120号)

前　文

　我々日本国民は，たゆまぬ努力によって築いてきた民主的で文化的な国家を更に発展させるとともに，世界の平和と人類の福祉の向上に貢献することを願うものである。

　我々は，この理想を実現するため，個人の尊厳を重んじ，真理と正義を希求し，公共の精神を尊び，豊かな人間性と創造性を備えた人間の育成を期するとともに，伝統を継承し，新しい文化の創造を目指す教育を推進する。

　ここに，我々は，日本国憲法の精神にのっとり，我が国の未来を切り拓く教育の基本を確立し，その振興を図るため，この法律を制定する。

第1章　教育の目的及び理念

（教育の目的）

第1条　教育は，人格の完成を目指し，平和で民主的な国家及び社会の形成者として必要な資質を備えた心身ともに健康な国民の育成を期して行われなければならない。

（教育の目標）

第2条　教育は，その目的を実現するため，学問の自由を尊重しつつ，次に掲げる目標を達成するよう行われるものとする。

1　幅広い知識と教養を身に付け，真理を求める態度を養い，豊かな情操と道徳心を培うとともに，健やかな身体を養うこと。

2　個人の価値を尊重して，その能力を伸ばし，創造性を培い，自主及び自律の精神を養うとともに，職業及び生活との関連を重視し，勤労を重んずる態度を養うこと。

3　正義と責任，男女の平等，自他の敬愛と協力を重んずるとともに，公共の精神に基づき，主体的に社会の形成に参画し，その発展に寄与する態度を養うこと。

4　生命を尊び，自然を大切にし，環境の保全に寄与する態度を養うこと。

5　伝統と文化を尊重し，それらをはぐくんできた我が国と郷土を愛するとともに，他国を尊重し，国際社会の平和と発展に寄与する態度を養うこと。

（生涯学習の理念）

第3条　国民一人一人が，自己の人格を磨き，豊かな人生を送ることができるよう，その生涯にわたって，あらゆる機会に，あらゆる場所において学習することができ，その成果を適切に生かすことのできる社会の実現が図られなければならない。

（教育の機会均等）

第4条　すべて国民は，ひとしく，その能力に応じた教育を受ける機会を与えられなければならず，人種，信条，性別，社会的身分，経済的地位又は門地によって，教育上差別されない。

②　国及び地方公共団体は，障害のある者が，その障害の状態に応じ，十分な教育を受けられるよう，教育上必要な支援を講じなければならない。

③　国及び地方公共団体は，能力があるにもかかわらず，経済的理由によって修学が困難な者に対して，奨学の措置を講じなければならない。

第2章　教育の実施に関する基本

（義務教育）

第5条　国民は，その保護する子に，別に法律で定めるところにより，普通教育を受けさせる義務を負う。

②　義務教育として行われる普通教育は，各個人の有する能力を伸ばしつつ社会において自立的に生きる基礎を培い，また，国家及び社会の形成者として必要とされる基本的な資質を養うことを目的として行われる

③　国及び地方公共団体は，義務教育の機会を保障し，その水準を確保するため，適切な役割分担及び相互の協力の下，その実施に責任を負う。
④　国又は地方公共団体の設置する学校における義務教育については，授業料を徴収しない。
（学校教育）
第6条　法律に定める学校は，公の性質を有するものであって，国，地方公共団体及び法律に定める法人のみが，これを設置することができる。
②　前項の学校においては，教育の目標が達成されるよう，教育を受ける者の心身の発達に応じて，体系的な教育が組織的に行われなければならない。この場合において，教育を受ける者が，学校生活を営む上で必要な規律を重んずるとともに，自ら進んで学習に取り組む意欲を高めることを重視して行われなければならない。
（大学）
第7条　大学は，学術の中心として，高い教養と専門的能力を培うとともに，深く真理を探究して新たな知見を創造し，これらの成果を広く社会に提供することにより，社会の発展に寄与するものとする。
②　大学については，自主性，自律性その他の大学における教育及び研究の特性が尊重されなければならない。
（私立学校）
第8条　私立学校の有する公の性質及び学校教育において果たす重要な役割にかんがみ，国及び地方公共団体は，その自主性を尊重しつつ，助成その他の適当な方法によって私立学校教育の振興に努めなければならない。
（教員）
第9条　法律に定める学校の教員は，自己の崇高な使命を深く自覚し，絶えず研究と修養に励み，その職責の遂行に努めなければならない。
②　前項の教員については，その使命と職責の重要性にかんがみ，その身分は尊重され，待遇の適正が期せられるとともに，養成と研修の充実が図られなければならない。
（家庭教育）
第10条　父母その他の保護者は，子の教育について第一義的責任を有するものであって，生活のために必要な習慣を身に付けさせるとともに，自立心を育成し，心身の調和のとれた発達を図るよう努めるものとする。
②　国及び地方公共団体は，家庭教育の自主性を尊重しつつ，保護者に対する学習の機会及び情報の提供その他の家庭教育を支援するために必要な施策を講ずるよう努めなければならない。
（幼児期の教育）
第11条　幼児期の教育は，生涯にわたる人格形成の基礎を培う重要なものであることにかんがみ，国及び地方公共団体は，幼児の健やかな成長に資する良好な環境の整備その他適当な方法によって，その振興に努めなければならない。
（社会教育）
第12条　個人の要望や社会の要請にこたえ，社会において行われる教育は，国及び地方公共団体によって奨励されなければならない。
②　国及び地方公共団体は，図書館，博物館，公民館その他の社会教育施設の設置，学校の施設の利用，学習の機会及び情報の提供その他の適当な方法によって社会教育の振興に努めなければならない。
（学校，家庭及び地域住民等の相互の連携協力）
第13条　学校，家庭及び地域住民その他の関係者は，教育におけるそれぞれの役割と責任を自覚するとともに，相互の連携及び協力に努めるものとする。
（政治教育）
第14条　良識ある公民として必要な政治的教

養は，教育上尊重されなければならない。
② 法律に定める学校は，特定の政党を支持し，又はこれに反対するための政治教育その他政治的活動をしてはならない。

(宗教教育)
第15条　宗教に関する寛容の態度，宗教に関する一般的な教養及び宗教の社会生活における地位は，教育上尊重されなければならない。
② 国及び地方公共団体が設置する学校は，特定の宗教のための宗教教育その他宗教的活動をしてはならない。

第3章　教育行政

(教育行政)
第16条　教育は，不当な支配に服することなく，この法律及び他の法律の定めるところにより行われるべきものであり，教育行政は，国と地方公共団体との適切な役割分担及び相互の協力の下，公正かつ適正に行われなければならない。
② 国は，全国的な教育の機会均等と教育水準の維持向上を図るため，教育に関する施策を総合的に策定し，実施しなければならない。
③ 地方公共団体は，その地域における教育の振興を図るため，その実情に応じた教育に関する施策を策定し，実施しなければならない。
④ 国及び地方公共団体は，教育が円滑かつ継続的に実施されるよう，必要な財政上の措置を講じなければならない。

(教育振興基本計画)
第17条　政府は，教育の振興に関する施策の総合的かつ計画的な推進を図るため，教育の振興に関する施策についての基本的な方針及び講ずべき施策その他必要な事項について，基本的な計画を定め，これを国会に報告するとともに，公表しなければならない。
② 地方公共団体は，前項の計画を参酌し，その地域の実情に応じ，当該地方公共団体における教育の振興のための施策に関する基本的な計画を定めるよう努めなければならない。

第4章　法令の制定

第18条　この法律に規定する諸条項を実施するため，必要な法令が制定されなければならない。

附　則〔抄〕

(施行期日)
1　この法律は，公布の日から施行する。

[資料2] 生涯学習の振興のための施策の推進体制等の整備に関する法律

(平成 2.6.29　法律第71号)
(最近改正：平成14.3.31　法律第15号)

(目的)
第1条 この法律は，国民が生涯にわたって学習する機会があまねく求められている状況にかんがみ，生涯学習の振興に資するための都道府県の事業に関しその推進体制の整備その他の必要な事項を定め，及び特定の地区において生涯学習に係る機会の総合的な提供を促進するための措置について定めるとともに，都道府県生涯学習審議会の事務について定める等の措置を講ずることにより，生涯学習の振興のための施策の推進体制及び地域における生涯学習に係る機会の整備を図り，もって生涯学習の振興に寄与することを目的とする。

(施策における配慮等)
第2条 国及び地方公共団体は，この法律に規定する生涯学習の振興のための施策を実施するに当たっては，学習に関する国民の自発的意思を尊重するよう配慮するとともに，職業能力の開発及び向上，社会福祉等に関し生涯学習に資するための別に講じられる施策と相まって，効果的にこれを行うよう努めるものとする。

(生涯学習の振興に資するための都道府県の事業)
第3条 都道府県の教育委員会は，生涯学習の振興に資するため，おおむね次の各号に掲げる事業について，これらを相互に連携させつつ推進するために必要な体制の整備を図りつつ，これらを一体的かつ効果的に実施するよう努めるものとする。
① 学校教育及び社会教育に係る学習（体育に係るものを含む。以下この項において「学習」という。）並びに文化活動の機会に関する情報を収集し，整理し，及び提供すること。
② 住民の学習に対する需要及び学習の成果の評価に関し，調査研究を行うこと。
③ 地域の実情に即した学習の方法の開発を行うこと。
④ 住民の学習に関する指導者及び助言者に対する研修を行うこと。
⑤ 地域における学校教育，社会教育及び文化に関する機関及び団体に対し，これらの機関及び団体相互の連携に関し，照会及び相談に応じ，並びに助言その他の援助を行うこと。
⑥ 前各号に掲げるもののほか，社会教育のための講座の開設その他の住民の学習の機会の提供に関し必要な事業を行うこと。
2 都道府県の教育委員会は，前項に規定する事業を行うに当たっては，社会教育関係団体その他の地域において生涯学習に資する事業を行う機関及び団体との連携に努めるものとする。

(都道府県の事業の推進体制の整備に関する基準)
第4条 文部科学大臣は，生涯学習の振興に資するため，都道府県の教育委員会が行う前条第1項に規定する体制の整備に関し望ましい基準を定めるものとする。
2 文部科学大臣は，前項の基準を定めようとするときは，あらかじめ，審議会等（国家行政組織法（昭和23年法律第120号）第8条に規定する機関をいう。以下同じ。）で政令で定めるものの意見を聴かなければならない。これを変更しようとするときも，同様とする。

(地域生涯学習振興基本構想)
第5条 都道府県は，当該都道府県内の特定の地区において，当該地区及びその周辺の相当程度広範囲の地域における住民の生涯学習の振興に資するため，社会教育に係る

学習（体育に係るものを含む。）及び文化活動その他の生涯学習に資する諸活動の多様な機会の総合的な提供を民間事業者の能力を活用しつつ行うことに関する基本的な構想（以下「基本構想」という。）を作成することができる。
2　基本構想においては，次に掲げる事項について定めるものとする。
　① 前項に規定する多様な機会（以下「生涯学習に係る機会」という。）の総合的な提供の方針に関する事項
　② 前項に規定する地区の区域に関する事項
　③ 総合的な提供を行うべき生涯学習に係る機会（民間事業者により提供されるものを含む。）の種類及び内容に関する基本的な事項
　④ 前号に規定する民間事業者に対する資金の融通の円滑化その他の前項に規定する地区において行われる生涯学習に係る機会の総合的な提供に必要な業務であって政令で定めるものを行う者及び当該業務の運営に関する事項
　⑤ その他生涯学習に係る機会の総合的な提供に関する重要事項
3　都道府県は，基本構想を作成しようとするときは，あらかじめ，関係市町村に協議しなければならない。
4　都道府県は，基本構想を作成しようとするときは，前項の規定による協議を経た後，文部科学大臣及び経済産業大臣に協議することができる。
5　文部科学大臣及び経済産業大臣は，前項の規定による協議を受けたときは，都道府県が作成しようとする基本構想が次の各号に該当するものであるかどうかについて判断するものとする。
　① 当該基本構想に係る地区が，生涯学習に係る機会の提供の程度が著しく高い地域であって政令で定めるもの以外の地域のうち，交通条件及び社会的自然的条件からみて生涯学習に係る機会の総合的な提供を行うことが相当と認められる地区であること。
　② 当該基本構想に係る生涯学習に係る機会の総合的な提供が当該基本構想に係る地区及びその周辺の相当程度広範囲の地域における住民の生涯学習に係る機会に対する要請に適切にこたえるものであること。
　③ その他文部科学大臣及び経済産業大臣が判断に当たっての基準として次条の規定により定める事項（以下「判断基準」という。）に適合するものであること。
6　文部科学大臣及び経済産業大臣は，基本構想につき前項の判断をするに当たっては，あらかじめ，関係行政機関の長に協議するとともに，文部科学大臣にあっては前条第2項の政令で定める審議会等の意見を，経済産業大臣にあっては産業構造審議会の意見をそれぞれ聴くものとし，前項各号に該当するものであると判断するに至ったときは，速やかにその旨を当該都道府県に通知するものとする。
7　都道府県は，基本構想を作成したときは，遅滞なく，これを公表しなければならない。
8　第3項から前項までの規定は，基本構想の変更（文部科学省令，経済産業省令で定める軽微な変更を除く。）について準用する。

（判断基準）
第6条　判断基準においては，次に掲げる事項を定めるものとする。
　① 生涯学習に係る機会の総合的な提供に関する基本的な事項
　② 前条第1項に規定する地区の設定に関する基本的な事項
　③ 総合的な提供を行うべき生涯学習に係る機会（民間事業者により提供されるものを含む。）の種類及び内容に関する基本的な事項
　④ 生涯学習に係る機会の総合的な提供に

必要な事業に関する基本的な事項
⑤ 生涯学習に係る機会の総合的な提供に際し配慮すべき重要事項
2 文部科学大臣及び経済産業大臣は，判断基準を定めるに当たっては，あらかじめ，総務大臣その他関係行政機関の長に協議するとともに，文部科学大臣にあっては第4条第2項の政令で定める審議会等の意見を，経済産業大臣にあっては産業構造審議会の意見をそれぞれ聴かなければならない。
3 文部科学大臣及び経済産業大臣は，判断基準を定めたときは，遅滞なく，これを公表しなければならない。
4 前2項の規定は，判断基準の変更について準用する。

第7条 削除

（基本構想の実施等）
第8条 都道府県は，関係民間事業者の能力を活用しつつ，生涯学習に係る機会の総合的な提供を基本構想に基づいて計画的に行うよう努めなければならない。
2 文部科学大臣は，基本構想の円滑な実施の促進のため必要があると認めるときは，社会教育関係団体及び文化に関する団体に対し必要な協力を求めるものとし，かつ，関係地方公共団体及び関係事業者等の要請に応じ，その所管に属する博物館資料の貸出しを行うよう努めるものとする。
3 経済産業大臣は，基本構想の円滑な実施の促進のため必要があると認めるときは，商工会議所及び商工会に対し，これらの団体及びその会員による生涯学習に係る機会の提供その他の必要な協力を求めるものとする。
4 前2項に定めるもののほか，文部科学大臣及び経済産業大臣は，基本構想の作成及び円滑な実施の促進のため，関係地方公共団体に対し必要な助言，指導その他の援助を行うよう努めなければならない。
5 前3項に定めるもののほか，文部科学大臣，経済産業大臣，関係行政機関の長，関係地方公共団体及び関係事業者は，基本構想の円滑な実施が促進されるよう，相互に連携を図りながら協力しなければならない。

第9条 削除

（都道府県生涯学習審議会）
第10条 都道府県に，都道府県生涯学習審議会（以下「都道府県審議会」という。）を置くことができる。
2 都道府県審議会は，都道府県の教育委員会又は知事の諮問に応じ，当該都道府県の処理する事務に関し，生涯学習に資するための施策の総合的な推進に関する重要事項を調査審議する。
3 都道府県審議会は，前項に規定する事項に関し必要と認める事項を当該都道府県の教育委員会又は知事に建議することができる。
4 前3項に定めるもののほか，都道府県審議会の組織及び運営に関し必要な事項は，条例で定める。

（市町村の連携協力体制）
第11条 市町村（特別区を含む。）は，生涯学習の振興に資するため，関係機関及び関係団体等との連携協力体制の整備に努めるものとする。

　　　　　　附　則（略）

[資料3]

社会教育法

(昭和24. 6.10　法律第207号)
(最近改正　平成26. 4. 1　法律第 67号)

第1章　総則

(この法律の目的)

第1条　この法律は，教育基本法（平成18年法律第120号）の精神に則り，社会教育に関する国及び地方公共団体の任務を明らかにすることを目的とする。

(社会教育の定義)

第2条　この法律で「社会教育」とは，学校教育法（昭和22年法律第26号）に基き，学校の教育課程として行われる教育活動を除き，主として青少年及び成人に対して行われる組織的な教育活動（体育及びレクリエーションの活動を含む。）をいう。

(国及び地方公共団体の任務)

第3条　国及び地方公共団体は，この法律及び他の法令の定めるところにより，社会教育の奨励に必要な施設の設置及び運営，集会の開催，資料の作製，頒布その他の方法により，すべての国民があらゆる機会，あらゆる場所を利用して，自ら実際生活に即する文化的教養を高め得るような環境を醸成するように努めなければならない。

②　国及び地方公共団体は，前項の任務を行うに当たっては，国民の学習に対する多様な需要を踏まえ，これに適切に対応するために必要な学習の機会の提供及びその奨励を行うことにより，生涯学習の振興に寄与することとなるよう努めるものとする。

③　国及び地方公共団体は，第1項の任務を行うに当たっては，社会教育が学校教育及び家庭教育との密接な関連性を有することにかんがみ，学校教育との連携の確保に努め，及び家庭教育の向上に資することとなるよう必要な配慮をするとともに，学校，家庭及び地域住民その他の関係者相互間の連携及び協力の促進に資することとなるよう努めるものとする。

(国の地方公共団体に対する援助)

第4条　前条第1項の任務を達成するために，国は，この法律及び他の法令の定めるところにより，地方公共団体に対し，予算の範囲内において，財政的援助並びに物資の提供及びそのあっせんを行う。

(市町村の教育委員会の事務)

第5条　市（特別区を含む。以下同じ。）町村の教育委員会は，社会教育に関し，当該地方の必要に応じ，予算の範囲内において，次の事務を行う。

1　社会教育に必要な援助を行うこと。
2　社会教育委員の委嘱に関すること。
3　公民館の設置及び管理に関すること。
4　所管に属する図書館，博物館，青年の家その他の社会教育施設の設置及び管理に関すること。
5　所管に属する学校の行う社会教育のための講座の開設及びその奨励に関すること。
6　講座の開設及び討論会，講習会，講演会，展示会その他の集会の開催並びにこれらの奨励に関すること。
7　家庭教育に関する学習の機会を提供するための講座の開設及び集会の開催並びに家庭教育に関する情報の提供並びにこれらの奨励に関すること。
8　職業教育及び産業に関する科学技術指導のための集会の開催並びにその奨励に関すること。
9　生活の科学化の指導のための集会の開催及びその奨励に関すること。
10　情報化の進展に対応して情報の収集及び利用を円滑かつ適正に行うために必要な知識又は技能に関する学習の機会を提供するための講座の開設及び集会の開催並びにこれらの奨励に関すること。

11　運動会，競技会その他体育指導のための集会の開催及びその奨励に関すること。
12　音楽，演劇，美術その他芸術の発表会等の開催及びその奨励に関すること。
13　主として学齢児童及び学齢生徒（それぞれ学校教育法第18条に規定する学齢児童及び学齢生徒をいう。）に対し，学校の授業の終了後又は休業日において学校，社会教育施設その他適切な施設を利用して行う学習その他の活動の機会を提供する事業の実施並びにその奨励に関すること。
14　青少年に対しボランティア活動など社会奉仕体験活動，自然体験活動その他の体験活動の機会を提供する事業の実施及びその奨励に関すること。
15　社会教育における学習の機会を利用して行った学習の成果を活用して学校，社会教育施設その他地域において行う教育活動その他の活動の機会を提供する事業の実施及びその奨励に関すること。
16　社会教育に関する情報の収集，整理及び提供に関すること。
17　視聴覚教育，体育及びレクリエーションに必要な設備，器材及び資料の提供に関すること。
18　情報の交換及び調査研究に関すること。
19　その他第3条第1項の任務を達成するために必要な事務

（都道府県の教育委員会の事務）
第6条　都道府県の教育委員会は，社会教育に関し，当該地方の必要に応じ，予算の範囲内において，前条各号の事務（第3号の事務を除く。）を行うほか，次の事務を行う。
1　公民館及び図書館の設置及び管理に関し，必要な指導及び調査を行うこと。
2　社会教育を行う者の研修に必要な施設の設置及び運営，講習会の開催，資料の配布等に関すること。
3　社会教育施設の設置及び運営に必要な物資の提供及びそのあっせんに関すること。
4　市町村の教育委員会との連絡に関すること。
5　その他法令によりその職務権限に属する事項

（教育委員会と地方公共団体の長との関係）
第7条　地方公共団体の長は，その所掌事項に関する必要な広報宣伝で視聴覚教育の手段を利用しその他教育の施設及び手段によることを適当とするものにつき，教育委員会に対し，その実施を依頼し，又は実施の協力を求めることができる。
②　前項の規定は，他の行政庁がその所掌に関する必要な広報宣伝につき，教育委員会に対し，その実施を依頼し，又は実施の協力を求める場合に準用する。
第8条　教育委員会は，社会教育に関する事務を行うために必要があるときは，当該地方公共団体の長及び関係行政庁に対し，必要な資料の提供その他の協力を求めることができる。

（図書館及び博物館）
第9条　図書館及び博物館は，社会教育のための機関とする。
②　図書館及び博物館に関し必要な事項は，別に法律をもって定める。

第2章　社会教育主事及び社会教育主事補
（社会教育主事及び社会教育主事補の設置）
第9条の2　都道府県及び市町村の教育委員会の事務局に，社会教育主事を置く。
②　都道府県及び市町村の教育委員会の事務局に，社会教育主事補を置くことができる。

（社会教育主事及び社会教育主事補の職務）
第9条の3　社会教育主事は，社会教育を行う者に専門的技術的な助言と指導を与える。ただし，命令及び監督をしてはならない。
②　社会教育主事は，学校が社会教育関係団体，地域住民その他の関係者の協力を得て教育活動を行う場合には，その求めに応じて，必要な助言を行うことができる。

③ 社会教育主事補は，社会教育主事の職務を助ける。
(社会教育主事の資格)
第9条の4 次の各号のいずれかに該当する者は，社会教育主事となる資格を有する。
1 大学に2年以上在学して62単位以上を修得し，又は高等専門学校を卒業し，かつ，次に掲げる期間を通算した期間が3年以上になる者で，次条の規定による社会教育主事の講習を修了したもの
　イ 社会教育主事補の職にあった期間
　ロ 官公署，学校，社会教育施設又は社会教育関係団体における職で司書，学芸員その他の社会教育主事補の職と同等以上の職として文部科学大臣の指定するものにあった期間
　ハ 官公署，学校，社会教育施設又は社会教育関係団体が実施する社会教育に関係のある事業における業務であって，社会教育主事として必要な知識又は技能の習得に資するものとして文部科学大臣が指定するものに従事した期間（イ又はロに掲げる期間に該当する期間を除く。）
2 教育職員の普通免許状を有し，かつ，5年以上文部科学大臣の指定する教育に関する職にあった者で，次条の規定による社会教育主事の講習を修了したもの
3 大学に2年以上在学して，62単位以上を修得し，かつ，大学において文部科学省令で定める社会教育に関する科目の単位を修得した者で，第1号イからハまでに掲げる期間を通算した期間が1年以上になるもの
4 次条の規定による社会教育主事の講習を修了した者（第1号及び第2号に掲げる者を除く。）で，社会教育に関する専門的事項について前3号に掲げる者に相当する教養と経験があると都道府県の教育委員会が認定したもの
(社会教育主事の講習)

第9条の5 社会教育主事の講習は，文部科学大臣の委嘱を受けた大学その他の教育機関が行う。
② 受講資格その他社会教育主事の講習に関し必要な事項は，文部科学省令で定める。
(社会教育主事及び社会教育主事補の研修)
第9条の6 社会教育主事及び社会教育主事補の研修は，任命権者が行うもののほか，文部科学大臣及び都道府県が行う。

第3章 社会教育関係団体

(社会教育関係団体の定義)
第10条 この法律で「社会教育関係団体」とは，法人であると否とを問わず，公の支配に属しない団体で社会教育に関する事業を行うことを主たる目的とするものをいう。
(文部科学大臣及び教育委員会との関係)
第11条 文部科学大臣及び教育委員会は，社会教育関係団体の求めに応じ，これに対し，専門的技術的指導又は助言を与えることができる。
② 文部科学大臣及び教育委員会は，社会教育関係団体の求めに応じ，これに対し，社会教育に関する事業に必要な物資の確保につき援助を行う。
(国及び地方公共団体との関係)
第12条 国及び地方公共団体は，社会教育関係団体に対し，いかなる方法によっても，不当に統制的支配を及ぼし，又はその事業に干渉を加えてはならない。
(審議会等への諮問)
第13条 国又は地方公共団体が社会教育関係団体に対し補助金を交付しようとする場合には，あらかじめ，国にあっては文部科学大臣が審議会等（国家行政組織法（昭和23年法律第120号）第8条に規定する機関をいう。第51条第3項において同じ。）で政令で定めるものの，地方公共団体にあっては教育委員会が社会教育委員の会議（社会教育委員が置かれていない場合には，条例で定めるところにより社会教育に係る補助金の交付に関する事項を調査審議する審議

会その他の合議制の機関）の意見を聴いて行わなければならない。
(報告)
第14条　文部科学大臣及び教育委員会は，社会教育関係団体に対し，指導資料の作製及び調査研究のために必要な報告を求めることができる。

第4章　社会教育委員
(社会教育委員の構成)
第15条　都道府県及び市町村に社会教育委員を置くことができる。
②　社会教育委員は，教育委員会が委嘱する。
(削除)
第16条　削除
(社会教育委員の職務)
第17条　社会教育委員は，社会教育に関し教育長を経て教育委員会に助言するため，左の職務を行う。
　1　社会教育に関する諸計画を立案すること。
　2　定時又は臨時に会議を開き，教育委員会の諮問に応じ，これに対して，意見を述べること。
　3　前2号の職務を行うために必要な研究調査を行うこと。
②　社会教育委員は，教育委員会の会議に出席して社会教育に関し意見を述べることができる。
③　市町村の社会教育委員は，当該市町村の教育委員会から委嘱を受けた青少年教育に関する特定の事項について，社会教育関係団体，社会教育指導者その他関係者に対し，助言と指導を与えることができる。
(社会教育委員の定数等)
第18条　社会教育委員の委嘱の基準，定数，任期その他社会教育委員に関し必要な事項は，当該地方公共団体の条例で定める。この場合において，社会教育委員の委嘱の基準については，文部科学省令で定める基準を参酌するものとする。
第19条　削除

第5章　公民館
(目的)
第20条　公民館は，市町村その他一定区域内の住民のために，実際生活に即する教育，学術及び文化に関する各種の事業を行い，もって住民の教養の向上，健康の増進，情操の純化を図り，生活文化の振興，社会福祉の増進に寄与することを目的とする。
(公民館の設置者)
第21条　公民館は，市町村が設置する。
②　前項の場合を除くほか，公民館は，公民館の設置を目的とする一般社団法人又は一般財団法人（以下この章において「法人」という。）でなければ設置することができない。
③　公民館の事業の運営上必要があるときは，公民館に分館を設けることができる。
(公民館の事業)
第22条　公民館は，第20条の目的達成のために，おおむね，左の事業を行う。但し，この法律及び他の法令によって禁じられたものは，この限りでない。
　1　定期講座を開設すること。
　2　討論会，講習会，講演会，実習会，展示会等を開催すること。
　3　図書，記録，模型，資料等を備え，その利用を図ること。
　4　体育，レクリエーション等に関する集会を開催すること。
　5　各種の団体，機関等の連絡を図ること。
　6　その施設を住民の集会その他の公共的利用に供すること。
(公民館の運営方針)
第23条　公民館は，次の行為を行ってはならない。
　1　もっぱら営利を目的として事業を行い，特定の営利事務に公民館の名称を利用させその他営利事業を援助すること。
　2　特定の政党の利害に関する事業を行い，又は公私の選挙に関し，特定の候補者を支持すること。

② 市町村の設置する公民館は，特定の宗教を支持し，又は特定の教派，宗派若しくは教団を支援してはならない。
（公民館の基準）
第23条の2 文部科学大臣は，公民館の健全な発達を図るために，公民館の設置及び運営上必要な基準を定めるものとする。
② 文部科学大臣及び都道府県の教育委員会は，市町村の設置する公民館が前項の基準に従って設置され及び運営されるように，当該市町村に対し，指導，助言その他の援助に努めるものとする。
（公民館の設置）
第24条 市町村が公民館を設置しようとするときは，条例で，公民館の設置及び管理に関する事項を定めなければならない。
第25条及び第26条　削除
（公民館の職員）
第27条 公民館に館長を置き，主事その他必要な職員を置くことができる。
② 館長は，公民館の行う各種の事業の企画実施その他必要な事務を行い，所属職員を監督する。
③ 主事は，館長の命を受け，公民館の事業の実施にあたる。
第28条 市町村の設置する公民館の館長，主事その他必要な職員は，教育長の推薦により，当該市町村の教育委員会が任命する。
（公民館の職員の研修）
第28条の2 第9条の6の規定は，公民館の職員の研修について準用する。
（公民館運営審議会）
第29条 公民館に公民館運営審議会を置くことができる。
② 公民館運営審議会は，館長の諮問に応じ，公民館における各種の事業の企画実施につき調査審議するものとする。
第30条 市町村の設置する公民館にあっては，公民館運営審議会の委員は，当該市町村の教育委員会が委嘱する。
② 前項の公民館運営審議会の委員の委嘱の基準，定数及び任期その他当該公民館運営審議会に関し必要な事項は，当該市町村の条例で定める。この場合において，委員の委嘱の基準については，文部科学省令で定める基準を参酌するものとする。
第31条 法人の設置する公民館に公民館運営審議会を置く場合にあっては，その委員は，当該法人の役員をもって充てるものとする。
（運営の状況に関する評価等）
第32条 公民館は，当該公民館の運営の状況について評価を行うとともに，その結果に基づき公民館の運営の改善を図るため必要な措置を講ずるよう努めなければならない。
（運営の状況に関する情報の提供）
第32条の2 公民館は，当該公民館の事業に関する地域住民その他の関係者の理解を深めるとともに，これらの者との連携及び協力の推進に資するため，当該公民館の運営の状況に関する情報を積極的に提供するよう努めなければならない。
（基金）
第33条 公民館を設置する市町村にあっては，公民館の維持運営のために，地方自治法（昭和22年法律第67号）第241条の基金を設けることができる。
（特別会計）
第34条 公民館を設置する市町村にあっては，公民館の維持運営のために，特別会計を設けることができる。
（公民館の補助）
第35条 国は，公民館を設置する市町村に対し，予算の範囲内において，公民館の施設，設備に要する経費その他必要な経費の1部を補助することができる。
② 前項の補助金の交付に関し必要な事項は，政令で定める。
第36条　削除
第37条 都道府県が地方自治法第232条の2の規定により，公民館の運営に要する経費を補助する場合において，文部科学大臣は，政令の定めるところにより，その補助金の

額，補助の比率，補助の方法その他必要な事項につき報告を求めることができる．

第38条　国庫の補助を受けた市町村は，左に掲げる場合においては，その受けた補助金を国庫に返還しなければならない．
　1　公民館がこの法律若しくはこの法律に基く命令又はこれらに基いてした処分に違反したとき．
　2　公民館がその事業の全部若しくは1部を廃止し，又は第20条に掲げる目的以外の用途に利用されるようになったとき．
　3　補助金交付の条件に違反したとき．
　4　虚偽の方法で補助金の交付を受けたとき．

(法人の設置する公民館の指導)

第39条　文部科学大臣及び都道府県の教育委員会は，法人の設置する公民館の運営その他に関し，その求めに応じて，必要な指導及び助言を与えることができる．

(公民館の事業又は行為の停止)

第40条　公民館が第23条の規定に違反する行為を行ったときは，市町村の設置する公民館にあっては市町村の教育委員会，法人の設置する公民館にあっては都道府県の教育委員会は，その事業又は行為の停止を命ずることができる．
②　前項の規定による法人の設置する公民館の事業又は行為の停止命令に関し必要な事項は，都道府県の条例で定めることができる．

(罰則)

第41条　前条第1項の規定による公民館の事業又は行為の停止命令に違反する行為をした者は，1年以下の懲役若しくは禁錮又は3万円以下の罰金に処する．

(公民館類似施設)

第42条　公民館に類似する施設は，何人もこれを設置することができる．
②　前項の施設の運営その他に関しては，第39条の規定を準用する．

　　　　　第6章　学校施設の利用

(適用範囲)

第43条　社会教育のためにする国立学校(学校教育法第2条第2項に規定する国立学校をいう．以下同じ．)又は公立学校(同項に規定する公立学校をいう．以下同じ．)の施設の利用に関しては，この章の定めるところによる．

(学校施設の利用)

第44条　学校(国立学校又は公立学校をいう．以下この章において同じ．)の管理機関は，学校教育上支障がないと認める限り，その管理する学校の施設を社会教育のために利用に供するように努めなければならない．
②　前項において「学校の管理機関」とは，国立学校にあっては設置者である国立大学法人(国立大学法人法(平成15年法律第112号)第2条第1項に規定する国立大学法人をいう．)の学長又は独立行政法人国立高等専門学校機構の理事長，公立学校のうち，大学にあっては設置者である地方公共団体の長又は公立大学法人(地方独立行政法人法(平成15年法律第118号)第68条第1項に規定する公立大学法人をいう．以下この項及び第48条第1項において同じ．)の理事長，高等専門学校にあっては設置者である地方公共団体に設置されている教育委員会又は公立大学法人の理事長，大学及び高等専門学校以外の学校にあっては設置者である地方公共団体に設置されている教育委員会をいう．

(学校施設利用の許可)

第45条　社会教育のために学校の施設を利用しようとする者は，当該学校の管理機関の許可を受けなければならない．
②　前項の規定により，学校の管理機関が学校施設の利用を許可しようとするときは，あらかじめ，学校の長の意見を聞かなければならない．

第46条　国又は地方公共団体が社会教育のために，学校の施設を利用しようとするときは，前条の規定にかかわらず，当該学校の

管理機関と協議するものとする。

第47条 第45条の規定による学校施設の利用が一時的である場合には，学校の管理機関は，同条第１項の許可に関する権限を学校の長に委任することができる。

② 前項の権限の委任その他学校施設の利用に関し必要な事項は，学校の管理機関が定める。

（社会教育の講座）

第48条 文部科学大臣は国立学校に対し，地方公共団体の長は当該地方公共団体が設置する大学又は当該地方公共団体が設立する公立大学法人が設置する大学若しくは高等専門学校に対し，地方公共団体に設置されている教育委員会は当該地方公共団体が設置する大学以外の公立学校に対し，その教育組織及び学校の施設の状況に応じ，文化講座，専門講座，夏期講座，社会学級講座等学校施設の利用による社会教育のための講座の開設を求めることができる。

② 文化講座は，成人の一般的教養に関し，専門講座は，成人の専門的学術知識に関し，夏期講座は，夏期休暇中，成人の一般的教養又は専門的学術知識に関し，それぞれ大学，高等専門学校又は高等学校において開設する。

③ 社会学級講座は，成人の一般的教養に関し，小学校又は中学校において開設する。

④ 第１項の規定する講座を担当する講師の報酬その他必要な経費は，予算の範囲内において，国又は地方公共団体が負担する。

第7章 通信教育

（適用範囲）

第49条 学校教育法第54条，第70条第１項，第82条及び第84条の規定により行うものを除き，通信による教育に関しては，この章の定めるところによる。

（通信教育の定義）

第50条 この法律において「通信教育」とは，通信の方法により一定の教育計画の下に，教材，補助教材等を受講者に送付し，これに基き，設問解答，添削指導，質疑応答等を行う教育をいう。

② 通信教育を行う者は，その計画実現のために，必要な指導者を置かなければならない。

（通信教育の認定）

第51条 文部科学大臣は，学校又は一般社団法人若しくは一般財団法人の行う通信教育で社会教育上奨励すべきものについて，通信教育の認定（以下「認定」という。）を与えることができる。

② 認定を受けようとする者は，文部科学大臣の定めるところにより，文部科学大臣に申請しなければならない。

③ 文部科学大臣が，第１項の規定により，認定を与えようとするときは，あらかじめ，第13条の政令で定める審議会等に諮問しなければならない。

（認定手数料）

第52条 文部科学大臣は，認定を申請する者から実費の範囲内において文部科学省令で定める額の手数料を徴収することができる。ただし，国立学校又は公立学校が行う通信教育に関しては，この限りでない。

第53条 削除

（郵便料金の特別取扱）

第54条 認定を受けた通信教育に要する郵便料金については，郵便法（昭和22年法律第165号）の定めるところにより，特別の取扱を受けるものとする。

（通信教育の廃止）

第55条 認定を受けた通信教育を廃止しようとするとき，又はその条件を変更しようとするときは，文部科学大臣の定めるところにより，その許可を受けなければならない。

② 前項の許可に関しては，第51条第３項の規定を準用する。

（報告及び措置）

第56条 文部科学大臣は，認定を受けた者に対し，必要な報告を求め，又は必要な措置を命ずることができる。

(認定の取消)
第57条 認定を受けた者がこの法律若しくはこの法律に基く命令又はこれらに基いてした処分に違反したときは,文部科学大臣は,認定を取り消すことができる。
② 前項の認定の取消に関しては,第51条第3項の規定を準用する。

　　　　　附　則　（略）

[資料4]

図書館法

（昭和25. 4.30　法律第118号）
（最近改正　平成23.12.14　法律第122号）

第1章　総　則
（この法律の目的）
第1条　この法律は，社会教育法（昭和24年法律第207号）の精神に基き，図書館の設置及び運営に関して必要な事項を定め，その健全な発達を図り，もって国民の教育と文化の発展に寄与することを目的とする。
（定　義）
第2条　この法律において「図書館」とは，図書，記録その他必要な資料を収集し，整理し，保存して，一般公衆の利用に供し，その教養，調査研究，レクリエーション等に資することを目的とする施設で，地方公共団体，日本赤十字社又は一般社団法人若しくは一般財団法人が設置するもの（学校に附属する図書館又は図書室を除く。）をいう。
② 前項の図書館のうち，地方公共団体の設置する図書館を公立図書館といい，日本赤十字社又は一般社団法人若しくは一般財団法人の設置する図書館を私立図書館という。
（図書館奉仕）
第3条　図書館は，図書館奉仕のため，土地の事情及び一般公衆の希望に沿い，更に学校教育を援助し，及び家庭教育の向上に資することとなるように留意し，おおむね次に掲げる事項の実施に努めなければならない。
1　郷土資料，地方行政資料，美術品，レコード及びフィルムの収集にも十分留意して，図書，記録，視聴覚教育の資料その他必要な資料（電磁的記録（電子的方式，磁気的方式その他人の知覚によっては認識することができない方式で作られた記録をいう。）を含む。以下「図書館資料」という。）を収集し，一般公衆の利用に供すること。

2　図書館資料の分類排列を適切にし，及びその目録を整備すること。
3　図書館の職員が図書館資料について十分な知識を持ち，その利用のための相談に応ずるようにすること。
4　他の図書館，国立国会図書館，地方公共団体の議会に附置する図書室及び学校に附属する図書館又は図書室と緊密に連絡し，協力し，図書館資料の相互貸借を行うこと。
5　分館，閲覧所，配本所等を設置し，及び自動車文庫，貸出文庫の巡回を行うこと。
6　読書会，研究会，鑑賞会，映写会，資料展示会等を主催し，及びこれらの開催を奨励すること。
7　時事に関する情報及び参考資料を紹介し，及び提供すること。
8　社会教育における学習の機会を利用して行った学習の成果を活用して行う教育活動その他の活動の機会を提供し，及びその提供を奨励すること。
9　学校，博物館，公民館，研究所等と緊密に連絡し，協力すること。
（司書及び司書補）
第4条　図書館に置かれる専門的職員を司書及び司書補と称する。
② 司書は，図書館の専門的事務に従事する。
③ 司書補は，司書の職務を助ける。
（司書及び司書補の資格）
第5条　次の各号のいずれかに該当する者は，司書となる資格を有する。
1　大学を卒業した者で大学において文部科学省令で定める図書館に関する科目を履修したもの
2　大学又は高等専門学校を卒業した者で次条の規定による司書の講習を修了した

もの
3 次に掲げる職にあった期間が通算して３年以上になる者で次条の規定による司書の講習を修了したもの
　イ　司書補の職
　ロ　国立国会図書館又は大学若しくは高等専門学校の附属図書館における職で司書補の職に相当するもの
　ハ　ロに掲げるもののほか，官公署，学校又は社会教育施設における職で社会教育主事，学芸員その他の司書補の職と同等以上の職として文部科学大臣が指定するもの
② 次の各号のいずれかに該当する者は，司書補となる資格を有する。
1 司書の資格を有する者
2 学校教育法（昭和22年法律第26号）第90条第1項の規定により大学に入学することのできる者で次条の規定による司書補の講習を修了したもの

（司書及び司書補の講習）
第6条　司書及び司書補の講習は，大学が，文部科学大臣の委嘱を受けて行う。
② 司書及び司書補の講習に関し，履修すべき科目，単位その他必要な事項は，文部科学省令で定める。ただし，その履修すべき単位数は，15単位を下ることができない。

（司書及び司書補の研修）
第7条　文部科学大臣及び都道府県の教育委員会は，司書及び司書補に対し，その資質の向上のために必要な研修を行うよう努めるものとする。

（設置及び運営上望ましい基準）
第7条の2　文部科学大臣は，図書館の健全な発達を図るために，図書館の設置及び運営上望ましい基準を定め，これを公表するものとする。

（運営の状況に関する評価等）
第7条の3　図書館は，当該図書館の運営の状況について評価を行うとともに，その結果に基づき図書館の運営の改善を図るため必要な措置を講ずるよう努めなければならない。

（運営の状況に関する情報の提供）
第7条の4　図書館は，当該図書館の図書館奉仕に関する地域住民その他の関係者の理解を深めるとともに，これらの者との連携及び協力の推進に資するため，当該図書館の運営の状況に関する情報を積極的に提供するよう努めなければならない。

（協力の依頼）
第8条　都道府県の教育委員会は，当該都道府県内の図書館奉仕を促進するために，市（特別区を含む。以下同じ。）町村の教育委員会に対し，総合目録の作製，貸出文庫の巡回，図書館資料の相互貸借等に関して協力を求めることができる。

（公の出版物の収集）
第9条　政府は，都道府県の設置する図書館に対し，官報その他一般公衆に対する広報の用に供せられる独立行政法人国立印刷局の刊行物を2部提供するものとする。
② 国及び地方公共団体の機関は，公立図書館の求めに応じ，これに対して，それぞれの発行する刊行物その他の資料を無償で提供することができる。

　　　　　第2章　公立図書館
（設　置）
第10条　公立図書館の設置に関する事項は，当該図書館を設置する地方公共団体の条例で定めなければならない。
第11条　削除（昭42法120）
第12条　削除（昭60法90）

（職　員）
第13条　公立図書館に館長並びに当該図書館を設置する地方公共団体の教育委員会が必要と認める専門的職員，事務職員及び技術職員を置く。
② 館長は，館務を掌理し，所属職員を監督して，図書館奉仕の機能の達成に努めなければならない。

（図書館協議会）

第14条　公立図書館に図書館協議会を置くことができる。
②　図書館協議会は，図書館の運営に関し館長の諮問に応ずるとともに，図書館の行う図書館奉仕につき，館長に対して意見を述べる機関とする。
第15条　図書館協議会の委員は，当該図書館を設置する地方公共団体の教育委員会が任命する。
第16条　図書館協議会の設置，その委員の任命の基準，定数及び任期その他図書館協議会に関し必要な事項については，当該図書館を設置する地方公共団体の条例で定めなければならない。この場合において，委員の任命の基準については，文部科学省令で定める基準を参酌するものとする。
（入館料等）
第17条　公立図書館は，入館料その他図書館資料の利用に対するいかなる対価をも徴収してはならない。
第18条及び第19条　削除（平20法59）
（図書館の補助）
第20条　国は，図書館を設置する地方公共団体に対し，予算の範囲内において，図書館の施設，設備に要する経費その他必要な経費の一部を補助することができる。
②　前項の補助金の交付に関し必要な事項は，政令で定める。
第21条　削除（平11法87）
第22条　削除（昭34法158）
第23条　国は，第20条の規定による補助金の交付をした場合において，左の各号の1に該当するときは，当該年度におけるその後の補助金の交付をやめるとともに，既に交付した当該年度の補助金を返還させなければならない。
1　図書館がこの法律の規定に違反したとき。
2　地方公共団体が補助金の交付の条件に違反したとき。
3　地方公共団体が虚偽の方法で補助金の交付を受けたとき。

第3章　私立図書館

第24条　削除（昭42法120）
（都道府県の教育委員会との関係）
第25条　都道府県の教育委員会は，私立図書館に対し，指導資料の作製及び調査研究のために必要な報告を求めることができる。
②　都道府県の教育委員会は，私立図書館に対し，その求めに応じて，私立図書館の設置及び運営に関して，専門的，技術的の指導又は助言を与えることができる。
（国及び地方公共団体との関係）
第26条　国及び地方公共団体は，私立図書館の事業に干渉を加え，又は図書館を設置する法人に対し，補助金を交付してはならない。
第27条　国及び地方公共団体は，私立図書館に対し，その求めに応じて，必要な物資の確保につき，援助を与えることができる。
（入館料等）
第28条　私立図書館は，入館料その他図書館資料の利用に対する対価を徴収することができる。
（図書館同種施設）
第29条　図書館と同種の施設は，何人もこれを設置することができる。
②　第25条第2項の規定は，前項の施設について準用する。

　　　　附　則　（略）

[資料5]

博物館法

昭和26.12.1　法律第285号
最近改正：平成23.12.14　法律第122号

第1章　総則

(この法律の目的)

第1条　この法律は，社会教育法（昭和24年法律第207号）の精神に基き，博物館の設置及び運営に関して必要な事項を定め，その健全な発達を図り，もって国民の教育，学術及び文化の発展に寄与することを目的とする。

(定義)

第2条　この法律において「博物館」とは，歴史，芸術，民俗，産業，自然科学等に関する資料を収集し，保管（育成を含む。以下同じ。）し，展示して教育的配慮の下に一般公衆の利用に供し，その教養，調査研究，レクリエーション等に資するために必要な事業を行い，あわせてこれらの資料に関する調査研究をすることを目的とする機関（社会教育法による公民館及び図書館法（昭和25年法律第118号）による図書館を除く。）のうち，地方公共団体，一般社団法人若しくは一般財団法人，宗教法人又は政令で定めるその他の法人（独立行政法人（独立行政法人通則法（平成11年法律第103号）第2条第1項に規定する独立行政法人をいう。第29条において同じ。）を除く。）が設置するもので次章の規定による登録を受けたものをいう。

2　この法律において，「公立博物館」とは，地方公共団体の設置する博物館をいい，「私立博物館」とは，一般社団法人若しくは一般財団法人，宗教法人又は前項の政令で定める法人の設置する博物館をいう。

3　この法律において「博物館資料」とは，博物館が収集し，保管し，又は展示する資料（電磁的記録（電子的方式，磁気的方式その他人の知覚によつては認識することができない方式で作られた記録をいう。）を含む。）をいう。

(博物館の事業)

第3条　博物館は，前条第1項に規定する目的を達成するため，おおむね次に掲げる事業を行う。

① 実物，標本，模写，模型，文献，図表，写真，フィルム，レコード等の博物館資料を豊富に収集し，保管し，及び展示すること。

② 分館を設置し，又は博物館資料を当該博物館外で展示すること。

③ 一般公衆に対して，博物館資料の利用に関し必要な説明，助言，指導等を行い，又は研究室，実験室，工作室，図書室等を設置してこれを利用させること。

④ 博物館資料に関する専門的，技術的な調査研究を行うこと。

⑤ 博物館資料の保管及び展示等に関する技術的研究を行うこと。

⑥ 博物館資料に関する案内書，解説書，目録，図録，年報，調査研究の報告書等を作成し，及び頒布すること。

⑦ 博物館資料に関する講演会，講習会，映写会，研究会等を主催し，及びその開催を援助すること。

⑧ 当該博物館の所在地又はその周辺にある文化財保護法（昭和25年法律第214号）の適用を受ける文化財について，解説書又は目録を作成する等一般公衆の当該文化財の利用の便を図ること。

⑨ 社会教育における学習の機会を利用して行った学習の成果を活用して行う教育活動その他の活動の機会を提供し，及びその提供を奨励すること。

⑩ 他の博物館，博物館と同一の目的を有する国の施設等と緊密に連絡し，協力し，刊行物及び情報の交換，博物館資料の相

互貸借等を行うこと。
⑪ 学校，図書館，研究所，公民館等の教育，学術又は文化に関する諸施設と協力し，その活動を援助すること。
2　博物館は，その事業を行うに当たっては，土地の事情を考慮し，国民の実生活の向上に資し，更に学校教育を援助し得るようにも留意しなければならない。

（館長，学芸員その他の職員）
第4条　博物館に，館長を置く。
2　館長は，館務を掌理し，所属職員を監督して，博物館の任務の達成に努める。
3　博物館に，専門的職員として学芸員を置く。
4　学芸員は，博物館資料の収集，保管，展示及び調査研究その他これと関連する事業についての専門的事項をつかさどる。
5　博物館に，館長及び学芸員のほか，学芸員補その他の職員を置くことができる。
6　学芸員補は，学芸員の職務を助ける。

（学芸員の資格）
第5条　次の各号のいずれかに該当する者は，学芸員となる資格を有する。
① 学士の学位を有する者で，大学において文部科学省令で定める博物館に関する科目の単位を修得したもの
② 大学に2年以上在学し，前号の博物館に関する科目の単位を含めて62単位以上を修得した者で，3年以上学芸員補の職にあったもの
③ 文部科学大臣が，文部科学省令で定めるところにより，前2号に掲げる者と同等以上の学力及び経験を有する者と認めた者
2　前項第2号の学芸員補の職には，官公署，学校又は社会教育施設（博物館の事業に類する事業を行う施設を含む。）における職で，社会教育主事，司書その他の学芸員補の職と同等以上の職として文部科学大臣が指定するものを含むものとする。

（学芸員補の資格）

第6条　学校教育法（昭和22年法律第26号）第90条第1項の規定により大学に入学することのできる者は，学芸員補となる資格を有する。

（学芸員及び学芸員補の研修）
第7条　文部科学大臣及び都道府県の教育委員会は，学芸員及び学芸員補に対し，その資質の向上のために必要な研修を行うよう努めるものとする。

（設置及び運営上望ましい基準）
第8条　文部科学大臣は，博物館の健全な発達を図るために，博物館の設置及び運営上望ましい基準を定め，これを公表するものとする。

（運営の状況に関する評価等）
第9条　博物館は，当該博物館の運営の状況について評価を行うとともに，その結果に基づき博物館の運営の改善を図るため必要な措置を講ずるよう努めなければならない。

（運営の状況に関する情報の提供）
第9条の2　博物館は，当該博物館の事業に関する地域住民その他の関係者の理解を深めるとともに，これらの者との連携及び協力の推進に資するため，当該博物館の運営の状況に関する情報を積極的に提供するよう努めなければならない。

第2章　登録

（登録）
第10条　博物館を設置しようとする者は，当該博物館について，当該博物館の所在する都道府県の教育委員会に備える博物館登録原簿に登録を受けるものとする。

（登録の申請）
第11条　前条の規定による登録を受けようとする者は，設置しようとする博物館について，次に掲げる事項を記載した登録申請書を都道府県の教育委員会に提出しなければならない。
① 設置者の名称及び私立博物館にあっては設置者の住所
② 名称

③　所在地
2　前項の登録申請書には，次に掲げる書類を添付しなければならない。
　①　公立博物館にあっては，設置条例の写し，館則の写し，直接博物館の用に供する建物及び土地の面積を記載した書面及びその図面，当該年度における事業計画書及び予算の歳出の見積りに関する書類，博物館資料の目録並びに館長及び学芸員の氏名を記載した書面
　②　私立博物館にあっては，当該法人の定款の写し又は当該宗教法人の規則の写し，館則の写し，直接博物館の用に供する建物及び土地の面積を記載した書面及びその図面，当該年度における事業計画書及び収支の見積りに関する書類，博物館資料の目録並びに館長及び学芸員の氏名を記載した書面
（登録要件の審査）
第12条　都道府県の教育委員会は，前条の規定による登録の申請があった場合においては，当該申請に係る博物館が次に掲げる要件を備えているかどうかを審査し，備えていると認めたときは，同条第１項各号に掲げる事項及び登録の年月日を博物館登録原簿に登録するとともに登録した旨を当該登録申請者に通知し，備えていないと認めたときは，登録しない旨をその理由を附記した書面で当該登録申請者に通知しなければならない。
　①　第２条第１項に規定する目的を達成するために必要な博物館資料があること。
　②　第２条第１項に規定する目的を達成するために必要な学芸員その他の職員を有すること。
　③　第２条第１項に規定する目的を達成するために必要な建物及び土地があること。
　④　１年を通じて150日以上開館すること。
（登録事項等の変更）
第13条　博物館の設置者は，第11条第１項各号に掲げる事項について変更があったとき，又は同条第２項に規定する添付書類の記載事項について重要な変更があったときは，その旨を都道府県の教育委員会に届け出なければならない。
2　都道府県の教育委員会は，第11条第１項各号に掲げる事項に変更があったことを知ったときは，当該博物館に係る登録事項の変更登録をしなければならない。
（登録の取消）
第14条　都道府県の教育委員会は，博物館が第12条各号に掲げる要件を欠くに至ったものと認めたとき，又は虚偽の申請に基いて登録した事実を発見したときは，当該博物館に係る登録を取り消さなければならない。但し，博物館が天災その他やむを得ない事由により要件を欠くに至った場合においては，その要件を欠くに至った日から２年間はこの限りでない。
2　都道府県の教育委員会は，前項の規定により登録の取消しをしたときは，当該博物館の設置者に対し，速やかにその旨を通知しなければならない。
（博物館の廃止）
第15条　博物館の設置者は，博物館を廃止したときは，すみやかにその旨を都道府県の教育委員会に届け出なければならない。
2　都道府県の教育委員会は，博物館の設置者が当該博物館を廃止したときは，当該博物館に係る登録をまっ消しなければならない。
（規則への委任）
第16条　この章に定めるものを除くほか，博物館の登録に関し必要な事項は，都道府県の教育委員会の規則で定める。
第17条　削除
　　　　　　第３章　公立博物館
（設置）
第18条　公立博物館の設置に関する事項は，当該博物館を設置する地方公共団体の条例で定めなければならない。
（所管）

第19条　公立博物館は，当該博物館を設置する地方公共団体の教育委員会の所管に属する。
（博物館協議会）
第20条　公立博物館に，博物館協議会を置くことができる。
2　博物館協議会は，博物館の運営に関し館長の諮問に応ずるとともに，館長に対して意見を述べる機関とする。
第21条　博物館協議会の委員は，当該博物館を設置する地方公共団体の教育委員会が任命する。
第22条　博物館協議会の設置，その委員の任命の基準，定数及び任期その他博物館協議会に関し必要な事項は，当該博物館を設置する地方公共団体の条例で定めなければならない。この場合において，委員の任命の基準については，文部科学省令で定める基準を参酌するものとする。
（入館料等）
第23条　公立博物館は，入館料その他博物館資料の利用に対する対価を徴収してはならない。但し，博物館の維持運営のためにやむを得ない事情のある場合は，必要な対価を徴収することができる。
（博物館の補助）
第24条　国は，博物館を設置する地方公共団体に対し，予算の範囲内において，博物館の施設，設備に要する経費その他必要な経費の一部を補助することができる。
2　前項の補助金の交付に関し必要な事項は，政令で定める。
第25条　削除
（補助金の交付中止及び補助金の返還）
第26条　国は，博物館を設置する地方公共団体に対し第24条の規定による補助金の交付をした場合において，次の各号の①に該当するときは，当該年度におけるその後の補助金の交付をやめるとともに，第1号の場合の取消が虚偽の申請に基いて登録した事実の発見に因るものである場合には，既に交付した補助金を，第3号及び第4号に該当する場合には，既に交付した当該年度の補助金を返還させなければならない。
①　当該博物館について，第14条の規定による登録の取消があったとき。
②　地方公共団体が当該博物館を廃止したとき。
③　地方公共団体が補助金の交付の条件に違反したとき。
④　地方公共団体が虚偽の方法で補助金の交付を受けたとき。

第4章　私立博物館
（都道府県の教育委員会との関係）
第27条　都道府県の教育委員会は，博物館に関する指導資料の作成及び調査研究のために，私立博物館に対し必要な報告を求めることができる。
2　都道府県の教育委員会は，私立博物館に対し，その求めに応じて，私立博物館の設置及び運営に関して，専門的，技術的の指導又は助言を与えることができる。
（国及び地方公共団体との関係）
第28条　国及び地方公共団体は，私立博物館に対し，その求めに応じて，必要な物資の確保につき援助を与えることができる。

第5章　雑則
（博物館に相当する施設）
第29条　博物館の事業に類する事業を行う施設で，国又は独立行政法人が設置する施設にあっては文部科学大臣が，その他の施設にあっては当該施設の所在する都道府県の教育委員会が，文部科学省令で定めるところにより，博物館に相当する施設として指定したものについては，第27条第2項の規定を準用する。

　　　　　　　附　則　（略）

さくいん

あ行

新しい公共　18, 39, 73, 109
アンドラゴジー　82, 87
生きる力　36
イリッチ　99
インタープリター　160
インタラクティブ展示　153
エコミュージアム　149
エデュケーター　159
NPO　18, 35
エリクソン　71
遠足博物館　157
OECD　12
公の施設　38, 162

か行

解放のための生涯教育　11
学芸員　50, 59, 158
学社融合　34, 36, 111, 113
学社連携　36, 111
学習課題　64
学習関心　65
学習権宣言　11
学習者　64
学習社会　3
学習相談　42, 97
学習ニーズ　65
学習の成果　5, 20, 21
学習要求　65
学歴社会　19, 105
貸出サービス　138
学校運営協議会　115
学校支援地域本部　41, 107, 116
学校図書館　132
学校評議員　115
家庭教育　120
家庭教育支援　120
カルチャーセンター　28
環境醸成　62, 63
教育委員会　24, 48, 51
教育基本法　4, 23, 40, 46, 105, 108
教育振興基本計画　40, 69, 89
共同学習　95
クームス　98
現代的課題　17, 69, 70, 75
憲法第89条　26, 60
権利としての社会教育　11
公共的課題　17, 21, 67
公共図書館　132
公民館　24, 55, 75, 108
公民館運営審議会　35, 51
公民館主事　59
公立図書館　132, 137
コーディネーター　97
国民の自己教育運動　15
国立オリンピック記念青少年総合センター　172
国立教育政策研究所社会教育実践研究センター　53, 59
国立国会図書館　133
国立少年自然の家　28, 38
国立青少年教育振興機構　38, 179
国立青年の家　28, 38
国立婦人（女性）教育会館　28, 38
個人学習　91
個人の要望　47, 68
コミュニティ・スクール　116

さ行

参加型学習　102
参加体験型学習　154
ジェルピ　11, 93
識字教育　11
事業仕分け　43, 179
自己学習　92
自己決定型学習　93
自己主導型学習　93
司書　50, 59, 134, 142
司書補　134, 142
指定管理者　38, 54, 142, 162, 178
指導系職員　60, 176
社会教育　16
社会教育委員　26, 50, 61
社会教育関係団体　26
社会教育局　30, 53, 127
社会教育施設　54, 148
社会教育主事　26, 50, 58, 178
社会教育主事講習　59
社会教育法　46
社会教育を行う者　58
社会人入学　28

社会的課題　21, 67
社会の要請　47, 68
集合学習　91, 93
集団学習　93
生涯学習　12, 15, 16, 29
生涯学習局　16, 31, 53, 127
生涯学習社会　3, 4, 20,21, 30, 104
生涯学習審議会　32, 49, 53
生涯学習振興法　32, 46, 49
生涯学習政策局　38, 53, 127
生涯学習センター　16, 33
生涯教育　5, 27, 29, 170
生涯教育センター　29
条件整備　62, 63
少年自然の家　166
私立図書館　132
垂直的統合　6
水平的統合　6
スポーツ・青少年局　38
青少年教育　168
青少年教育施設　111, 112, 166
青少年交流の家　166
青少年自然の家　166
青年学級　25, 168
青年学級振興法　25, 36, 95
青年の家　166
専門図書館　133

た行
大学図書館　133
体験活動　181
地域課題　69, 70, 73
地域青年団　25
地域婦人会　25
知識基盤社会　89
知の循環型社会　42
中央教育審議会　54
適応のための生涯教育　11
登録博物館　149
特定非営利活動促進法　35
図書館　24, 130
図書館協議会　51, 141

な行
ネットワーク型行政　37, 63
ノールズ　81, 93
ノンフォーマル教育　97

は行
ハイン　154
ハヴィガースト　70
博物館　24, 147
博物館協議会　51, 164
博物館相当施設　149
博物館類似施設　149
派遣社会教育主事　35, 58
発達課題　70
ハッチンス　3
早寝早起き朝ごはん運動　122
ハンズオン展示　153

ハンブルグ宣言　74
PFI　38
PTA　25
必要課題　68
評価　41, 57, 142, 163
ファシリテーター　97
フォーマル教育　97
フォール報告　3
フレイレ　12, 99
変容的学習　82
放課後博物館　157
補助金　26, 41, 50, 61
補助執行　127
ボランティア　161, 177
ボランティア活動　34, 79, 139

ま行
モラトリアム　78
文部科学省　52

や行
ゆとり教育　36
ユネスコ　5, 11
要求課題　65, 68

ら行
ラングラン　5, 8
リカレント教育　12, 34
臨時教育審議会　13, 14, 30, 45
レファレンスサービス　134, 138
連携　156

[編著者]

鈴木眞理（すずき・まこと）
東京大学文学部（社会学）卒業，東京大学大学院教育学研究科博士課程（社会教育学）中退
現在　青山学院大学教育人間科学部教授
主著　『学ばないこと・学ぶこと—とまれ・生涯学習の・ススメ』学文社，『ボランティア活動と集団—社会教育・生涯学習論的探究—』学文社，「シリーズ生涯学習社会における社会教育」（全7巻・編集代表）学文社，『社会教育の核心』（共編著）全日本社会教育連合会，ほか

薬袋秀樹（みない・ひでき）
慶應義塾大学経済学部，文学部図書館・情報学科卒業，東京都立図書館勤務，東京大学大学院教育学研究科博士課程（図書館学）単位取得退学
現在　筑波大学名誉教授
主著　『図書館運動は何を残したか：図書館員の専門性』（勁草書房），『図書館制度・経営論』（共編著）樹村房，ほか

馬場祐次朗（ばば・ゆうじろう）
中央大学法学部卒業，文部科学省生涯学習政策局社会教育官・国立教育政策研究所社会教育実践研究センター長，徳島大学大学開放実践センター教授を経て
現在　一般社団法人全国社会教育委員連合常務理事
主著　『Q&A よくわかる社会教育行政の実務』（共編著）ぎょうせい，ほか

[執筆者]

岩佐敬昭（いわさ・たかあき）
東京大学教育学部教育行政学科社会教育コース卒業，文部省に入省。生涯学習政策局家庭教育支援室長，同社会教育課企画官，研究開発局宇宙利用推進室長，大臣官房政策課企画官，文化庁国語課長等を経て
現在　沖縄科学技術大学院大学准副学長

小池茂子（こいけ・しげこ）
青山学院大学文学部教育学科卒業，青山学院大学大学院文学研究科教育学専攻博士後期課程単位取得済退学
現在　聖学院大学人間福祉学部教授

山本裕一（やまもと・ゆういち）
中央大学法学部卒業，国立社会教育研修所採用後，文部科学省生涯学習政策局家庭教育支援室長，独立行政法人国立青少年教育振興機構教育事業部長，国立教育政策研究所社会教育実践研究センター長を経て
現在　独立行政法人国立青少年教育振興機構教育事業部参事

大木真徳（おおき・まさのり）
東京大学文学部（考古学）卒業，東京大学大学院教育学研究科修士課程（社会教育学）修了
現在　日本学術振興会特別研究員，駒澤大学非常勤講師

西井麻美（にしい・まみ）
東京外国語大学外国語学部卒業，東京大学大学院教育学研究科博士課程（社会教育学）単位取得満期退学
現在　ノートルダム清心女子大学人間生活学部教授

＊略歴は2014年2月現在のものです。

生涯学習概論

2014年2月25日　初版第1刷発行
2025年1月14日　初版第6刷

編著者ⓒ　鈴木　眞理
　　　　馬場祐次朗
　　　　薬袋　秀樹

〈検印省略〉

発行者　大塚　栄一

発行所　株式会社　樹村房
　　　　　　　　　JUSONBO

〒112-0002
東京都文京区小石川5-11-7
電　話　03-3868-7321
FAX　　 03-6801-5202
振　替　00190-3-93169
https://www.jusonbo.co.jp/

印刷　亜細亜印刷株式会社
製本　株式会社常川製本

ISBN978-4-88367-230-1　乱丁・落丁本は小社にてお取り替えいたします。